인 연 법

김현준 지음

효림

불교교리총서 ❺
인 연 법

초 판 1쇄 펴낸날   2013년 4월 10일
      6쇄 펴낸날   2025년 4월 3일

지은이 김현준
펴낸이 김연지
펴낸곳 효림출판사

등록일 1992년 1월 13일 (제2-1305호)
주 소 서울특별시 서초구 반포대로14길 30, 907호 (서초동, 센츄리 I)
전 화 (02) 582-6612 · 587-6612
팩 스 (02) 586-9078
이메일 hyorim@nate.com

값 8,000원

ⓒ 효림출판사 2013
ISBN 978-89-85295-76-5   03220

잘못 만들어진 책은 바꾸어 드립니다.
이 책은 저작권법에 따라 보호를 받는 저작물이므로 무단전재와 무단복제를 금지합니다.

서 문

　우리나라 사람들이 가장 즐겨 쓰는 단어 중 하나인 인연. 이 인연은 부처님께서 최초로 쓰신 불교용어입니다.
　불교에서는 우리들 삶의 전과정을 한마디로 요약하여 '인연'이라고 합니다. 지금 내가 받고 있고 누리고 있는 모든 것이 인연에 의해 이루어졌다는 것입니다.
　이 나라에 태어난 것도 인연이요, 현재와 같은 부모를 만나고 부부가 되고 자식을 두는 것도 인연이며, 괴로움을 받는 것도 즐거움을 누리는 것도 모두가 인연의 결과로 보고 있습니다.
　이 인연因緣은 인·연·업·과因緣業果의 줄인 말입니다. 인因은 '나'요, 연緣은 나를 둘러싸고 있는 환경이며, 업業은 인因 내가 연과의 관계 속에서 마음과 입과

몸으로 짓는 생각과 말과 행동이며, 과果는 지은 업에 따른 과보입니다.

　여기서 우리는 한 가지 사실에 주의하여야 합니다. 그것은 인연법이 단순하게 '인·연·업·과' 네 글자의 순서 따라 전개되지 않는다는 사실입니다. '우리의 마음가짐〔因〕이 환경〔緣〕을 만나 갖가지 업〔業〕을 짓고 과보〔果〕를 받는다'는 식의 일직선적인 논리로만 전개되는 것이 아니라 매우 복합적으로 전개된다는 것입니다.

　'지금 이 자리'를 놓고 볼 때, 시시각각 우리에게로 다가오는 '지금 이 자리'는 언제나 과보의 순간이면서 새로운 인(因, 씨)을 심는 자리입니다. 동시에 이 자리는 또 다른 인의 연(緣, 환경)이 되기도 하고 새로운 업業을 맺는 순간이 되기도 합니다. 곧 지금 이 자리가 바로 '인·연·업·과'를 동시에 맺고 풀고 이루는 자리인 것입니다.

그러므로 지금 이 자리에서 인연법을 분명히 알고 잘 풀어나가게 되면 누구나 원만하고 평화롭게 살 수 있을 뿐 아니라 대행복을 누릴 수 있게 됩니다.

나는 불교의 핵심 가르침인 이 '인연 하나만 잘 이해하고 체득하게 되면 누구나 다 복되고 자재롭게 살 수 있다고 확신하였기에, 월간 「법공양」 통권 200호 발간을 즈음하여 희망과 행복이 가득한 이 인연법에 관한 글을 10여 회 동안 연재하였고, 이제 멋진 인연을 함께 가꾸어 보고자 그 글들을 모아 한 권의 책으로 다시 묶었습니다.

아울러 불자들이 매우 어렵게 생각하는 〈십이인연법〉은 전체의 흐름을 끊지 않기 위해 책 말미에 부록으로 첨부하였습니다. 불교를 공부하는 분들은 꼭 새겨보아야 할 내용이지만, 난해하다고 느끼는 분들은 제 4장 까지만 열심히 읽어주시기 바랍니다.

 비록 부족한 글이지만, 우리의 삶에 있어 참으로 소중한 이 인연법을 큰 마음으로 수용하시어 참된 불자의 길을 걷고, 대지혜와 대자비와 대평화와 대행복을 중득하시기를 두 손 모아 축원드립니다.

 나무마하반야바라밀.

불기 2557년 3월 부처님 열반일에
김현준 합장

차 례

서 문 … 5

I 행복을 담는 인연법 …………………15

❖ 인연법은 존재의 법칙 / 17
인연법의 의미 / 17
늘 우리와 함께하는 인연법 / 21

❖ 고苦와 인연 / 25
인생의 고苦를 직시하라 / 25
불교의 출발점은 행고行苦 / 29
부처님의 깨달음과 인연법 / 36
어떤 인연으로 고苦의 삶인가? / 41

❖ 인생을 바꾸게 하는 인연법 / 53
인연 따라 사는 중생 / 53
인연의 법칙은 틀림이 없다 / 62
지금 이 자리에서 잘하면 / 67

II 마음은 인연을 푸는 열쇠 ……………71

❖ 마음씨와 인연 / 73
마음씨는 마음의 땅에 심는 인因 / 73
마음씨가 법계의 기운을 모은다 / 81

❖ 마음의 다짐과 인연의 전개 / 85
마음 땅에 저주의 씨를 심으면 / 85
마음밭에 다짐하며 심은 씨 / 91
나의 맹세가 업보로 나타난다 / 96

Ⅲ 좋은 인연 가꾸기 ·······················101

❖ 기꺼이 받고자 할 때 / 103
  어차피 받을 것이라면 / 103
  고난 없기를 바라지 말자 / 109
  받아들이면 업이 녹고 비게 된다 / 119
  나와 남을 함께 살리며 살자 / 123

❖ 인연법은 희망의 법칙 / 133
  행복을 보장하는 인연법 / 133
  오달국사와 인면창 / 136
  원력願力의 수승함 / 142

IV 인연을 잘 가꾸는 간단한 방법 ……151

❖ 멈추고 참회하라 / 153
  멈추면 좋은 인연으로 바뀐다 / 153
  마음씨를 바꾸는 참회 / 157

❖ 기도성취와 인연법 / 162
  정성이 기도성취의 으뜸 인因 / 162
  번뇌망상의 극복은 업장소멸 / 167
  흔들리지 말라 / 173
  시절인연을 잊지 말라 / 179

부록 : 십이인연 ·················183

❖ **십이인연법 / 185**
위없는 깨달음의 법인 십이인연 / 185
십이인연 열두 단어의 의미 / 193

❖ **유전과 환멸 / 203**
유전인연流轉因緣 · 환멸인연還滅因緣 / 203
'나'를 살피고 깨우치는 십이인연법 / 209

행복을 담는 인연법

인연법은 존재의 법칙

고품와 인연

인생을 바꾸게 하는 인연법

인연법은 존재의 법칙

인연법의 의미

 인연법을 살펴보기 전에, 먼저 '인연법'의 '법法'이 간직하고 있는 뜻부터 새겨보고자 합니다.
 불교에서는 법을 진리, 특히 '부처님의 가르침인 불법佛法'이라는 뜻으로 사용하고 있습니다. 그러나 법은, 원래 여러 가지 뜻으로 사용되었던 인도말 다르마(Dharma)를 번역한 단어입니다.
 범어 '다르마'라는 말 속에는 '그렇게 되게끔 되어 있는 것, 그렇게 있게끔 되어 있는 것'이라는 뜻이 담겨져 있습니다. 지금의 '나'가 이렇게 있는 까닭, 이 사회가 이렇게 있는 까닭, 이 나라가 이렇게 있는 까닭이 분명히 있다는 것입니다. 곧 존재의 법칙이 숨겨져 있다는 것이며, 우리가 살고 있는 이 법계法界 또한 그 법칙 따라 움직이는 세계라는 것입니다.

과연 많고 많은 법 중에서 어떠한 법이 '그렇게 되게끔 되어 있고, 그렇게 있게끔 되어 있고, 그렇게 하게끔 되어 있는' 존재의 법칙인가?

바로 인연법因緣法입니다. 인과법因果法입니다. 인(因, 원인)과 연(緣, 환경)과 업(業, 행위)과 과(果, 결과)의 네 글자로 구성된 인연법·인과법에 의해 모든 것이 있게끔 되고 되게끔 된다는 것입니다.

탐욕과 분노와 어리석음에 사로잡힌 인연이 계속되면 지옥·아귀·축생의 세계라는 삼악도三惡道 속으로 빠져들게끔 되어 있고, 보시·지계·인욕 등의 좋은 인연을 쌓으면 보다 향상된 세계로, 더욱 나아가 선정과 지혜를 익히면 부처의 경지로 나아가게끔 된다는 불변의 사실을 '그렇게 되게끔 되어 있는 존재의 법칙'이요 인연법·인과법 이라고 하는 것입니다.

모든 존재의 법칙이 되는 인연법은 불변의 진리요

불교의 특징입니다. 이 인연법이야말로 부처님의 위대한 발견인 것입니다. 우리가 불교를 믿어 향상된 삶을 이룰 수 있는 까닭도 이 인연법에 근거를 두고 있습니다.

비록 이제까지 탐욕과 분노와 어리석음 속에서 살아왔고 나쁜 업을 많이 지었다고 할지라도, '지금 이 자리에서' 깊은 신심으로 참회하고 맺힌 것을 풀면 새로운 모습으로 탈바꿈하여 복을 얻게 되고 깨달음을 이룰 수 있게 된다는 것입니다. 이 얼마나 멋진 인연법이요 인과법입니까?

그 누구라 하여도 모든 존재의 법칙인 인연법을 벗어날 수는 없습니다. 그리고 잊지 마십시오. '나'에게 다가오는 모든 것이 '나'의 인·연·업·과로 말미암은 것임을! 내가 심고 내가 만들고 내가 짓고 내가 받는 것일 뿐, 신이 만들어낸 것도 우연히 이루어진 것도 결코 아닙니다.

'나'의 모든 것은 '나'의 책임입니다. 그렇게 되게끔, 그렇게 있게끔 되어 있는 존재의 법칙. 이 인연의 법칙에 따라 '나는 이렇게 되었고 이렇게 있는 것'입니다. 이것을 명확히 알고 노력하면 누구나 복되고 향상된 삶을 이루어 낼 수 있게 됩니다.
  이제 우리는 존재의 법칙인 인연법을 잘 가꾸며 나아가야 합니다. 이 법을 잘 가꾸며 올바로 나아가기만 하면 부처님의 세계로, 행복의 자리로 나아갈 수 있습니다.

늘 우리와 함께하는 인연법

　그럼 이 인연법은 어디에 있는 것인가? 우리를 행복하게 만들고 부처의 세계로 나아가게 하는 이 인연법은 어느 때, 어느 곳에나 가득 충만되어 있습니다. 부처님 당시에만 있었던 것도 아니요 대장경 속에만 있는 것도 아닙니다. 우리가 살아 숨쉬는 곳, 우리의 마음이 있는 곳에는 언제나 이 법이 함께 합니다. 우리의 평상심平常心, 생활하는 우리의 삶과 늘 함께 하고 있는 것이 인연법인 것입니다.
　우리가 보고 듣고 일하고 생활하는 이 자리에 있는 법은 늘 함께 하고 있습니다. 마치 공기나 물과 같은 것으로, 그것이 없으면 존재하지 못하게 되고 살아남지 못하게 되는 존재의 법칙이요 생명의 원천인 것입니다.
　이렇게 늘 인연법으로 살아가고 있는 존재가 우리들이건만, 우리 중생은 지금 '나'와 더불어 있는 인연의 소중함을 알지 못합니다. 오히려 지금의 인연을 벗어난 특별한 인연을 찾아 밖으로 밖으로 헤매입니다.

과연 우리를 깨달음의 경지로 이끌어주는 해탈법, 행복의 자리로 인도해주는 해탈법은 어디에 있는가? 결코 다른 곳에 있지 않습니다. 바로 지금 이 자리의 인연 속에 있습니다. 지금 이 자리의 인연을 분명히 깨닫고, 인연을 잘 가꾸어서 밝고 바르고 평화롭게 사는데 있습니다.

실로 참된 불법을 구하는 이, 진짜 행복을 찾고 스스로의 진실을 체험하고자 하는 사람이라면 일상생활 속의, 눈 앞의 인연법을 무시해서는 안 됩니다. 인연법이 진짜 법이요, 인연을 잘 다스리는 것이 해탈법이라는 것을 잊어서는 안 됩니다.

이제부터 우리는 밥 먹고 옷 입고 오고 가고 대화를 나누고, 서로를 사랑하는 일상생활 속에서 가족·친구·이웃·동료 등과 함께하는 인연들을 잘 가꾸어, 번뇌없이 잡념없이 행복하게 살아가야 합니다. 지금 이 자리의 인연을 분명히 깨닫고 그 인연을 맑고 밝게 가꾸며 살아가야 합니다.

이 인연법을 분명히 알고 이 인연법을 잘 가꾸며 살면 법계에 가득 충만되어 있는 불법, 곧 원만하고 성취되어 있고 진실한 법이 언제나 우리와 함께하게 됩니다.

진정 해탈을 원하고 행복을 염원하는 중생이라면 이 법계의 법칙이 인연법임을 잘 알아서 꾸준히 부처님의 가르침을 실천하며 살아야 합니다. 곧 염불·경전공부·참선·기도·참회, 그리고 갖가지 선행들을 형편에 맞게 꾸준히 행하여야 합니다.

이렇게 꾸준히 수행을 하다 보면 저절로 지극히 고요한 경지에 들어가서 마음이 차츰 맑아지게 되는데, **맑아지면 밝아지고, 밝아지면 통하게 되어 마침내 해탈의 경지에 이르게 되고**, 행복하게 살 수 있게 됩니다.

꼭 명심하십시오. 행복이나 깨달음은 '찾아 나아간다'고 하여 구하여 지는 것이 아닙니다. 진리·법·**깨달음은 스스로 다가오는 것**입니다. 이 법계에 충만되어 있는 행복과 해탈의 기운은 지금 이 자리의 인연을 잘 가꾸어 내 마음이 맑고 밝아지게 되면 스스로 다가옵니다.

번뇌의 삶을 사는 이들은 밖으로 밖으로 해탈과 행복을 찾아 헤맵니다. 그러나 그들이 가는 그 어느 곳에도 해탈과 행복은 없습니다. 이에 비해 참된 불자들은 해탈과 행복을 밖에서 구하지 않습니다. 해탈과 행복이 스스로 다가올 때까지 지금 이 자리의 인연을 잘 가꾸며 한결같이 정진할 뿐입니다.

　인연법은 희망의 법칙입니다. 해탈의 법칙입니다. 성취와 평화와 행복의 법칙입니다. 이 좋은 인연법에 대해 이제부터 차근차근 함께 깨우쳐봅시다.

고苦와 인연

인생의 고苦를 직시하라

　참지 않고서는 살아갈 수 없는 세계, 잡된 것으로 얽히고 설켜 있는 이 사바娑婆의 대기 속에는 항상 괴로움이 잠재되어 있습니다. 이 괴로움이 중생을 슬프게 합니다. 중생이기 때문에 슬픈 것이 아니라, 괴로움이 끊이지 않기 때문에 슬픈 것입니다.
　그렇지만 슬프다고 하여 어느 누구도 쉽게 포기하지는 않습니다. 고해의 파도를 타고 끊임없이 요동을 치면서도, 이 괴로움으로부터 벗어나고자 모두들 노력합니다. 하루 빨리 괴로움에서 벗어나 온전한 평화와 절대적인 행복을 이루고자 하는 꿈을 꾸며 살아갑니다.

그러나 모든 중생이 그토록 갈망하는데도, 온전하고 절대적인 평화와 행복을 증득하기는 참으로 어렵습니다. 왜일까요? 괴로움이 어디에서 비롯되었으며, 어떠한 인연으로 인해 괴로움이 생겨나는지를 잘 알지 못하기 때문입니다.

그렇다면 이제부터라도 괴로움의 원인이 무엇인지를 잘 알고자 해야 하는데, 괴로움이 찾아들면 우리 중생들은 도망치기에 바쁩니다.

하지만 석가모니불은 달랐습니다. 괴로움이 찾아들면 그 괴로움의 원인이 무엇이며 어떠한 법칙에 의해 괴로움이 소멸되는지를 철두철미하게 분석하여, 그 인연을 명백하게 깨달았기 때문에 대지혜와 대자비와 대평화와 대행복의 도를 증득하신 것입니다.

우리도 이와 같이 해야 합니다. 이 고해를 벗어나 참으로 행복하고 평화롭게 살기 위해서는,

① 인생의 고품에 대해 잘 알아야 하고
② 삶이 괴롭게 된 까닭이 무엇인지를 깊이 살핀 다음

③ 고를 벗어 버리는 인연가꾸기를 잘해야 합니다.

이제 이 셋 중에서 부처님 깨달음의 출발점이 되었던 괴로움苦부터 함께 살펴보도록 합시다.

'인생은 고[苦]다. 괴로움이다. 나고 늙고 병들고 죽는 생로병사生老病死의 삶 자체부터가 괴로움이다.'

이를 부처님께서는 어릴 때부터 깊이 느꼈고, 이 괴로움을 없애기 위해 출가수행을 하셨으며, 마침내 연기의 법을 깨달아 고苦의 근원을 없애고 부처가 되셨습니다. 따라서 불교의 출발점을 '고苦'라 하여도 조금도 틀리지 않습니다.

고苦. 괴롭다. 무엇이 괴로운가? 부처님께서는 4고四苦와 8고八苦로 정리하셨습니다.

① 태어나는 것이 괴롭다 [生苦]
② 늙는 것이 괴롭다 [老苦]
③ 병이 드니 괴롭다 [病苦]
④ 죽는 것이 괴롭다 [死苦]
⑤ 미운 이와 만나는 것이 괴롭다 [怨憎會苦]

⑥ 사랑하는 이와 헤어지니 괴롭다 [愛別離苦]
⑦ 구하는 것을 얻지 못하니 괴롭다 [求不得苦]
⑧ 오음, 곧 '나'가 치성하는 이 삶 자체가 괴로움이다 [五陰盛苦]

그런데 부처님께서 열거하신 이러한 괴로움은 평범한 인간들이 생각하고 있는 괴로움과는 어딘지 모르게 차이가 있습니다.

보통 사람들은 '배고파서 괴롭다, 가난해서 괴롭다, 일이 많아 괴롭다, 상처가 쓰리고 아파서 괴롭다, 일이 잘못되어 괴롭다'는 식으로, 지금 이 자리로 괴로움이 찾아들고 괴로움에 빠져들어야 괴롭다고 느낍니다. 그리고 현실적인 괴로움에서 벗어나면 인생의 밑바닥에 고苦가 깔려 있다는 것을 금방 잊어버립니다.

그러나 석가모니께서는 근원적인 괴로움, 곧 생로병사나 '나의 존재 자체가 괴로움 덩어리[오음성고 五陰盛苦]'라는 근원적인 괴로움을 늘 생각하고 계셨으며, 이 근원적인 괴로움의 해결방법을 찾아 나섰던 것입니다.

불교의 출발점은 행고行苦

보통 사람의 괴로움과 부처님께서 느낀 괴로움! 이에 대해서는 부처님의 제자 중 지혜 제일인 사리불舍利弗존자께서 분류한 고고성苦苦性·괴고성壞苦性·행고성行苦性의 삼종고三種苦를 살펴보면 보다 분명히 알 수 있습니다.

부처님의 제자가 되어 아라한과阿羅漢果를 이룬 다음 사리불 존자가 고향인 마가다국의 나라가마을로 갔을 때, 오래 전부터 알고 있던 잠퓨가다가라는 유행자遊行者가 찾아와서 여러가지 질문을 하였다. 그 중 한 가지가 고에 대한 것이었다.

"벗이여, 말 끝마다 고를 내세우는데, 도대체 고가 무엇인가?"

"친구여, 고에는 세 가지가 있네. 고고성苦苦性·괴고성壞苦性·행고성行苦性이 그것일세."

이 세 가지 괴로움 가운데 **고고성苦苦性**은 육체적인 고통 때문에 생겨나는 괴로움입니다. 몸이 춥고

덥고 배고프고 목이 마르고 아픈 경우 등, 몸이 저절로 느끼는 괴로움입니다. 바로 '몸이 괴로우니까 괴롭다'고 하는 것이 고고성입니다.

괴고성壞苦性은 나의 몸이 아니라, 나의 환경이나 신분의 변화 때문에 생기는 괴로움입니다. 억만장자가 몰락하거나, 높은 자리에 있던 사람이 쫓겨나거나, 일순간에 명예를 잃거나, 의지하고 사랑하던 사람이 죽는 등의 변화로 인해, 순경順境에서 역경逆境으로 전락할 때 받는 괴로움입니다.

현실적으로 곧바로 느끼는 이 두 가지 당연한 괴로움에 비해 **행고성**行苦性은 약간 다릅니다. 행고의 '행行'은 옛부터 '천류遷流'라는 뜻으로 해석되어 왔습니다. '변천하며 흐른다'. 곧 이 세상의 모든 것은 변화무상하게 흘러가는 것이기 때문에 근원적으로 괴로움을 간직하고 있다는 것이 행고行苦의 뜻입니다.

사실 이 세상의 모든 것은 잠시도 가만히 있는 것이 없습니다. 모든 것은 끊임없이 변화하고 있으며, 이 모든 것 속에서 사는 우리 인간들 또한 마찬가지입니다. 태어난 사람은 반드시 죽어야 하고, 젊은 사람은 반드시 늙어야 합니다.

　모든 것은 반드시 변화하고, 언젠가는 사라지게끔 되어 있습니다. 그야말로 제행諸行은 무상無常한 것이요, 이와 같은 세상에 사는 우리는 '흘러 가면서 변화하는 괴로움'을 받게끔 되어 있으니, 이것을 행고성行苦性이라고 하는 것입니다.

　고고苦苦 · 괴고壞苦 · 행고行苦.

　과연 이 세 가지 괴로움은 어떻게 해야 해결될 수 있는 것인가? 적어도 고고와 괴고에 대한 괴로움은 해결되지 않는 괴로움이 아닙니다.

　몸과 관련하여 생겨나는 괴로움인 **고고**는 그 괴로움의 요인이 제거되면 일단 극복할 수 있습니다. 아무리 더운 날씨도 입추가 되면 사그러들고, 냉방시설이 되어 있는 곳으로 들어가면 더위를 해소할 수 있습니다. 배고프면 먹으면 되고, 아픈 상처는 치료를 받으면 괴로움이 사라집니다.

　그리고 좋은 환경 속에서 살다가 나쁜 환경, 곧 순경에서 역경으로 전락하여 받게 되는 **괴고**도 의지意志만 있으면 극복할 수 있습니다. 높은 자리에서 물러났어도 '쉴 때나 충전할 때'로 받아들이면 결코 힘들지만은 않습니다. 몰락한 억만장자라 할지라도 의지를 되살려 부지런히 일을 하고, 인생의 참의미를 깨우치면 오히려 더 즐겁게 살 수도 있는 것입니다.

하지만 행고는 다릅니다. 아무리 애를 쓰고 의지를 북돋아도 쉽사리 벗어날 수 없는 것이 행고입니다. 이 세상 모든 것이 무상無常속에 있고 끊임없이 바뀌면서 흘러가기 때문에, 그 흐름을 따라 사는 '나'로서는 어떻게 해 볼 도리가 없는 것 같이 보이는 것이 행고입니다.

나고 늙고 병들고 죽는 것. 대부분의 사람들은 이와 같은 행고성의 괴로움에 대해 해탈할 길이 없는 것처럼 느낍니다. 그래서 이 행고를 받아들일 뿐 극복하려 하지 않습니다. 오히려 고고나 괴고는 깊이 느낄지언정, 이 행고에 대해서는 죽음의 문턱에 이르러서야 겨우 자각할 정도입니다.

그런데 석가모니께서는 행고인 생·노·병·사의 문제를 해결하기 위해 29세의 나이로 집을 나셨으니 얼마나 특별한 분이십니까?

❀

생·노·병·사라는 행고行苦를 해탈하기 위해 출가를 하신 석가모니는 당시의 최고 수행자로 추앙받던 바가바선인·아라다선인 등을 찾아가 그 방법을 물었고, 그들이 가르쳐 주는 대로 선정도 닦고 고행도 하였습니다. 그리하여 마침내 그들과 같은 경지에 도달했습니다.

하지만 생·노·병·사에 대한 해탈을 이룰 수는 없었습니다. 마침내 석가모니께서는 욕망과 번뇌를 생사고生死苦의 근본이라 생각하여, 욕망과 번뇌를 잠재우기 위한 치열한 고행을 다시 시작하였고, 5년의 고행을 한 다음 육체를 괴롭히는 고행으로는 고를 해결할 수 없다는 확신을 갖게 되었습니다.

6년 동안 목숨을 걸고 닦았던 고행을 버리고 중도中道의 수행법을 택한 석가모니께서는 수자타가 공양하는 유미죽을 먹고 붓다가야의 보리수 아래에 앉으셨으며, 그 보리수 아래에서 무엇을 했는지는 『대석가모니구담경』에 짧게 기록되어 있습니다.

"나는 정념正念 속에서 이렇게 생각했다.

'참으로 세상은 괴로움에 빠져 있다. 태어나고 늙고 쇠퇴하고 죽어서는 다시 태어난다. 그러면서도 이 괴로움으로부터 떠날 줄을 모른다. 늙고 죽는 것으로부터 떠날 줄을 모른다. 과연 언제가 되어야 이 노사老死로부터 떠날 수 있는 방법을 알 수 있을 것인가?'

비구들이여, 그때 바른 사유와 지혜에 의해 해결법이 생겨났느니라.

'생이 있으므로 말미암아 노사가 있다. 노사는 생으로부터 말미암는다'고."

이어서 석가모니께서는 생生이 무엇 때문에 있게 되는지를 관찰하고, 더 깊은 근원으로 끊임없이 파고 들어 무명無明이라는 근원에 도달하였습니다. 그리고 그 무명이 저절로 소멸되었을 때 대진리가 스스로 다가와, 생로병사라는 행고行苦를 완전히 해탈한 부처님이 되셨습니다. 무생사無生死의 대자유인이 된 것입니다.

그때가 12월 8일 새벽, 동쪽 하늘에 샛별이 유난

히 반짝일 때였습니다. 그날부터 부처님께서는 보리수 아래에서 해탈의 황홀함을 즐기고 계시다가, 7일 후부터 '깨달음의 내용'을 점검하고 정리하였는데, 그때 최초로 정리를 한 진리가 인연법因緣法입니다.

부처님의 깨달음과 인연법

불교에서는 이 세상의 모든 것이 인연의 화합에 의해 생겨나고 인연의 소멸에 의해 사라진다는 것을 주장하고 있으며, 우주의 생성과 유지와 소멸, 인생의 모든 것을 인연의 도리로 풀이하고 있습니다.

'나' 또한 마찬가지입니다. '나'의 마음가짐이 원초적인 씨앗(因)이 되고, 그 마음가짐에 맞는 갖가지 연緣이 합하여지면 이런 저런 업業을 지어 갖가지 과果라는 결실을 거두어들이게 되는 것입니다. 따라서 불교에서는 전지전능한 창조주에 의한 창조론을 수용하지 않습니다.

하지만 부처님 당시의 인도사회는 신의 창조론과 함께 신에게 제사를 지내면 모든 것을 이룰 수 있다는 제사만능주의가 팽배하고 있었고, 수행자들의 고행 또한 신의 세계로 나아가기 위한 일종의 헌신으로 생각하고 있었습니다. 부처님의 최초 제자인 5비구도 마찬가지였습니다.

이에 부처님께서는 최초의 법문을 통하여, 이 세

상의 모든 것이 신의 창조에 의한 것이 아니라 인연의 법칙에 의해 움직일 뿐이며, 신에게 바치는 제사나 고행으로는 인간고의 해탈이나 행복을 안겨줄 수 없다는 것을 다섯 비구에게 가장 먼저 깨우쳐 주셨습니다.

❀

"너희는 업業의 법칙을 믿고 있느냐?"
"그렇습니다."
"선행을 지으면 좋은 과보를 받고 악행을 저지르면 나쁜 과보를 받게 된다는 이 업의 법칙을 확고하게 알고 있다면, 동물을 죽여 그 피를 신의 제물로 바치며 기도하는 어리석음을 저지르지 않을 것이다."
"어째서 그것이 어리석은 일입니까?"
"수행자여, 진리는 한결같은 것이다. 물은 아래로 흐른다. 불은 언제나 뜨겁고 얼음은 언제나 차다. 이것은 변하지 않는 진리이다. 그런데 신에게 기도를 드린다고 하여 불을 차게 만들고, 얼음을 뜨겁게 만들 수 있겠느냐?

모든 존재는 스스로가 지은 업의 힘으로 '그렇게 되게끔 되어 있는 법'에 따라 살아간다. 오직 스스로가 인연 따라 지은 업의 과보를 스스로 받는 것일 뿐, 신이라고 하여 그 업의 법칙을 바꾸지 못한다.

업을 바꿀 수 있는 자는 그 업을 지은 자신 뿐이니라."

"그렇다면 세존께서는 창조신인 브라흐만이 이 세상을 창조했다는 것을 믿지 않으십니까?"

"그렇다. 브라흐만에 의해 창조된 것이 아니다."

"무엇이 이 세상을 창조하였습니까?"

"이 세상은 어떠한 신에 의해서도 창조되지 않았다. 이 세상의 모든 것은 인연으로 생겨났다가 인연에 의해 사라지며, 인연으로 맺어진 업과 함께할 뿐이다. 카스트(Cast)제도 또한 마찬가지이다. 신이 그와 같은 신분제도를 만든 것이 아니라, 그들 스스로의 업이 각각의 신분을 만든 것일 뿐이다. 어찌 사람에게 높고 낮은 신분이 있겠느냐? 모든 인간은 원래부터 평등하다. 그 신분에 대한 업이 다하면 얼마든지 다른 신분으로 나아갈 수 있느니라."

"참으로 새롭고도 거룩한 가르침입니다."

"정녕 나의 말이 옳게 느껴진다면, 너희는 지금부터 신이 아니라 스스로를 믿어야 한다. 그리고 신에게 제물을 바치고 기도하는 법을 밝힌 베다(Veda : 인도 고대성전)를 신성시할 것이 아니라, 중생의 생명 그 자체를 신성시할 줄 알아야 한다. 모든 수행은 여기서부터 시작되어야 하느니라."

진리에 입각하여 신의 절대적인 권능을 부정하고 인간의 평등을 일깨우는 부처님의 말씀은 정녕 새로운 것이었습니다. 최초의 제자인 다섯 비구는 그들의 전 생애에 걸쳐 배우고 믿었던 것과는 매우 다른 부처님의 가르침에 의해 눈을 뜨기 시작했습니다.

신이 창조한 세상이 아니라 인연이 만들어낸 세상, 신의 힘에 의해 움직이는 세상이 아니라 인연에 의해 움직이는 세상, 인간의 신분과 삶의 질은 신이 결정하는 것이 아니라 인간 스스로의 업이 결정한다는 사실을 깨닫게 된 것입니다.

이렇게 인연에 의해 모든 것이 생겨나고 움직이고

소멸된다는 것을 일깨워 주신 부처님께서는 마침내 오직 당신께서만 깨달으신 괴로움〔苦〕의 생성과 소멸에 대해 설하십니다.

어떤 인연으로 고苦의 삶인가?

　　이것이 있으면 이것이 있고
　　이것이 생기면 이것이 생긴다　　　-우다나경-

　모두 '이것'이라 하여 참으로 알 듯도 하고 모를 듯도 한 내용이 되어버렸지만, 이것이 인연법에 대한 최초의 표현입니다. 이 구절을 한역漢譯 경전에서는 '이것으로 인해 이것이 있고, 이것이 생기면 곧바로 생한다因是有是 此生則生'로 번역하고 있습니다. 그리고 『아함경』의 여러 곳에서는 약간 이해하기 쉽게 바꾸어 놓았습니다.

　　이것이 있으면 저것이 있고
　　이것이 생기면 저것이 생긴다
　　이것이 없으면 저것이 없고
　　이것이 멸하면 저것도 멸한다
　　此有故彼有
　　此生故彼生
　　此無故彼無

此滅故彼滅

이것(此)과 저것(彼)은 인因과 연緣의 관계에 있습니다.

모든 것은 인과 연의 화합체로, 이것과 저것이 서로 인과 연이 되어 생겨나고 존재하게 되며, 인인 '이것'이 사라질 때 연인 '저것'도 함께 소멸된다는 이 당연한 진리가 인연법입니다.

너무나도 간단한 진리이건만, 부처님 이전에는 그 누구도 알지 못하였기 때문에 신의 구원을 바라거나 고행을 통해 해탈하고자 했던 것이요, 오늘의 우리도 이를 깨닫지 못하여 행고行苦의 괴로움 속에서 벗어나지 못하고 있다는 것을 신중히 새겨 볼 필요가 있습니다.

실로 부처님께서는 성도 후 7일 동안의 선정을 통하여 '깨달음의 내용'을 더욱 깊이 있게 점검하여 마침내 십이인연법十二因緣法을 정립하셨습니다.

무명無明으로 말미암아 행行이 생기고
행으로 말미암아 식識이 생긴다.

식으로 말미암아 명색名色이 생기고
명색으로 말미암아 육입六入이 생기며
육입으로 말미암아 촉觸이 생긴다.
촉으로 말미암아 수受가 생기고
수로 말미암아 애愛가 생기며
애로 말미암아 취取가 생긴다.
취로 말미암아 유有가 생기고
유로 말미암아 생生이 생기며
생으로 말미암아 노사老死를 비롯한
수愁·비悲·고苦·우憂·뇌惱가 생긴다.
모든 고품의 생기生起는 이와 같도다.

이상의 열두 가지, 곧 '무명無明 → 행行 → 식識 → 명색名色 → 육입六入 → 촉觸 → 수受 → 애愛 → 취取 → 유有 → 생生 → 노사老死'의 십이인연법은 "이것이 있으면 이것이 있고, 이것이 있으면 이것이 생긴다"는 공식을 적용시켜 얻어진 것으로, 이 열두 가지 조건의 연쇄반응에 의해 괴로움이 생겨난다는 것을 밝힌 것입니다.

부처님께서는 이렇게 열두 가지의 단어를 연결시

켜 십이인연법을 정립하셨지만, 처음부터 이 십이인연법을 곧바로 설하지는 않았습니다. 사람들이 이해하기가 용이하지 않다는 것을 비추어 보셨기 때문입니다. 오히려 초전법륜을 비롯한 초기에는 고苦를 낳게 하는 아주 간략한 인연법부터 일러주셨는데, 이 간략한 인연법에는 두 가지 형태가 있습니다.

첫째는 '무명無明 → 취取 → 고苦'의 흐름입니다. **'무명으로 취하니 괴로울 수밖에 없다'**는 것입니다.

어두움을 뜻하는 무명無明은 '진리와 존재와 인간의 진상에 대해 어둡다.' 곧 '진리와 존재와 인간의 진상에 대해 모르는' 무지無知의 다른 말입니다. 모르므로 어둡다는 것입니다. 그리고 취取는 '무엇에 집착執着한다', '집착하여 취한다'는 뜻입니다.

모르기 때문에 무상한 것에 집착을 하고 매달리지만, 무상한 그것은 시간이 흐름에 따라 변화를 하거나 없어지고 맙니다. 따라서 무상한 그것에 집착을 하고 매달리는 사람은 결국 괴로움을 받게 될 수밖에 없습니다.

더 원초적으로 이야기하면, 한 치 앞도 보이지 않는 어둠 속에 있는 그 자체부터가 괴로움입니다.

그럼 고苦를 없애려면 어떻게 해야 하는가?

먼저 무명을 없애는 일부터 시작하여야 하며, 무명을 없애려면 '나'의 진상과 진리를 올바로 볼 줄 아는 눈을 가져야 합니다. 무지無知가 아니라 올바로 볼 수 있는 앎〔知〕이 필요하고 '지혜 지智'가 필요합니다.

부처님의 법을 배우면 진리와 진상이 무엇인지를 알게 되고〔知〕, 태양과 같은 지혜가 빛나면 무명은 저절로 사라지게 되어 있습니다.

무명이 사라지면 무상한 것에 집착을 하거나 미련을 가지는 일은 저절로 없어지게 되고, 집착〔取〕이 없어지면 괴로움도 스스로 자취를 감추게 되는 것입니다.

잠깐 『나선비구경那先比丘經』에 나오는 한 편의 대화를 통하여 무지와 지혜에 대해 함께 음미해 봅시다.

미란타왕이 나선비구에게 물었습니다.

"지혜 있는 사람이 나쁜 짓을 하는 것과 무지한 사람이 나쁜 짓을 하는 것 중, 어느 쪽이 재앙을 더 많이 받게 됩니까?"

"무지한 사람이 나쁜 짓을 할 때 재앙을 더 많이 받습니다. 지혜 있는 사람이 나쁜 짓을 하면 재앙을 적게 받습니다."

"그렇지 않습니다. 내가 나라를 다스릴 때 대신이 죄를 지으면 중하게 다스리지만, 무지한 백성이 죄를 지으면 가볍게 다스립니다. 지혜 있는 사람이 알면서 나쁜 짓을 하면 그 죄가 더 크고, 무지한 사람이 모르고 나쁜 짓을 하면 죄가 적다고 보기 때문입니다."

나선비구는 단호하게 반발하는 왕에게 물었습니다.

"왕이시여, 비유를 들어 묻겠습니다. 불에 달구어진 쇠가 땅에 있는데, 한 사람은 알고 한 사람은 모릅니다. 두 사람이 불에 달구어진 쇠를 동시에 잡을 때, 어느 쪽이 더 큰 화상을 입겠습니까?"

"모르는 사람 쪽입니다."

"그렇습니다. 그리고 똑같은 죄를 지어도 무지한 사람은 나쁜 짓이 잘못된 행동임을 모르기 때문에 참회할 줄 몰라 재앙을 크게 받고, 지혜 있는 사람은 나쁜 짓이 잘못된 행동임을 알고 참회하기 때문에 재앙을 작게 받습니다."

"과연 그렇습니다."

⁂

이 대화에서처럼, 달구어진 쇠를 모르고 취하면 화상을 더 크게 입습니다. 무명·무지! 곧 모르고 취하면 괴로움이 더 크기 마련인 것입니다.

집착을 뜻하는 취取! 우리 불교에서는 '집착을 놓아라·집착을 비워라'는 말을 많이 씁니다. 그러나 실지로 집착을 비우기란 쉽지가 않습니다. 오히려 놓고 싶고, 비우고 싶지만 잘 놓아지지도 비워지지도 않습니다. 그러나 '집착을 할 까닭이 없다'는 것을 분명히 알면 집착을 비우기가 훨씬 용이합니다.

흔히들 불교를 지혜의 종교, 깨달음의 종교라고 합니다. 그러므로 불교를 믿는 불자는 공부를 해야 합니다. 교리를 배우고 법문을 들어 집착을 할 까닭이 없음을 아는 지혜를 기르고, 참선하고 기도하여 무명 이전의 마음자리를 깨우쳐가야 합니다.

그러다가 '아! 그렇구나' 하고 깨닫게 되면 무명이 사라져 집착을 놓게 되고, 고품로부터 해탈할 수 있기 때문입니다.

무명 → 취 → 고.

무명으로, 무지로 집착하며 살면 반드시 괴롭게 됩니다. 허나 내용을 잘 알고 밝은 지혜로 사는데 어찌 집착에 사로잡힐 것이며, 괴로움 속에 빠져 들겠습니까?

부디 이 '무명 → 취 → 고'의 인연법을 마음에 잘 새기고 생활에 활용하여, 복되고 평화로운 삶을 누리시기를 당부드립니다.

둘째는 '혹惑 → 업業 → 고품'의 흐름입니다. '미혹한 상태에서 업을 지으면 괴로울 수밖에 없다'는 것입니다.

'혹'은 미혹迷惑의 줄인 말이며, 이 미혹 또한 앞의 무명과 다를 바가 없습니다. 그러나 엄밀히 구분

하면, 무명은 총괄적인 무지요, 미혹은 방향 설정이 되지 않은 어리석음입니다.

이 미혹의 '미迷'는 '간다'는 뜻을 담고 있습니다. 그런데 그냥 가는 것이 아니라, '어디로 갈까? 이쪽으로 갈까? 저쪽으로 갈까?' 하는 것입니다. '혹惑'은 '어떻게 할까? 이렇게 할까? 저렇게 할까?' 하는 것입니다.

어디로 가고 어떻게 해야 할 줄을 모르는 상태, 결정을 짓지 못하고 방황하는 상태에 빠져 있는 것이 '미혹'입니다. 결국 밝지 못하고〔無明〕올바로 알지 못하기 때문에〔無知〕제 갈 길을 가지 못한 채 방황할 수밖에 없는 것입니다.

미혹한 상태, 마음이 안정되지 못한 상태, 방황하는 상태에서 나아가면 어떤 길로 가겠으며, 업을 지으면 어떠한 업을 짓겠습니까? 잘못된 길로 들어서고 그릇된 업을 지을 수밖에 없습니다. 사업·취업·진학·자녀교육 등 생활 속의 예를 이 '혹 → 업 → 고'의 흐름에 대입시켜 보면 명쾌하게 알 수가 있습니다.

호리유차毫釐有差하면 천지현격天地懸隔입니다. 처

음에 털끝만큼만 어긋나도 나중에는 하늘과 땅만큼 멀어집니다.

 우리는 나아가야 할 길을 잃고 살아서는 안 됩니다. 부처님께서는 이 '혹 → 업 → 고'를 설하시면서, '탐욕과 성냄과 어리석음에 현혹되어 밝음을 잃고 살면 그 삶 자체가 괴로울 수밖에 없다.'고 하셨습니다. 그리고 '갈팡질팡 하며 살면 괴롭다'고 하셨습니다. 삼업三業, 곧 '미혹의 번뇌에 빠져 생각하고〔意業〕말하고〔口業〕행동하게 되면〔身業〕반드시 고苦를 받는다'고 분명히 설하셨습니다.

 그럼 우리는 이제 어떻게 해야 하는가? 더 이상 방황하지 말고 나아갈 방향을 잡아야 합니다. 내 갈 길을 찾아 나아가야 합니다.

 무엇에 의지하여 그 길을 갈 것인가? 부처님의 법法에 의지하여 나아가야 합니다. 인연법을 바로 알고 사제·팔정도·육바라밀·중도 등의 법에 의지하여 나아가야 합니다. 그렇게만 하면 우리에게 돌아오는 결과는 고苦가 아니라 낙樂입니다. 괴로움이 아니라 행복입니다. 불안이 아니라 평화로움이요, 구속이 아니라 자유입니다.

업에는 반드시 힘이 뒷받침되어야 합니다. 좋은 업이든 나쁜 업이든 힘이 뒷받침됩니다. 그리고 그 힘이 뭉쳐지면 과보로 나타납니다. 복업福業이 모이면 복되게 살고, 악업惡業이 뭉쳐지면 지옥과 같은 괴로움과 불행이 '나'를 옥죄게 되는 것입니다. 이것이 업력業力입니다.

결코 혹업惑業을 지으며 살지 마십시오. 혹업이 많이 쌓여 혹업력惑業力이 작용하면 괴롭기 그지없습니다. 더 이상 번뇌 속에서 방황하지 말고 바른 원願을 세워 나아가야 합니다.

원은 길이요 방향입니다. 원을 세워 원을 따라 나아가면 어떻게 됩니까? 한 마디로 원력願力이 됩니다.

원력은 '원에 힘이 생겼다', '원의 힘이 뭉쳐졌다'는 것입니다. 그때가 되면 물러서지 않습니다. 가야 할 길을 흔들림 없이 나아갑니다. 그렇다면 마침내 어떻게 되는 것일까요? 자연 원성취願成就가 됩니다.

"방황하지 말고, 원 따라 제 갈 길을 힘차게 나아가라."

부처님께서 '혹 → 업 → 고'의 인연법을 설하신 까닭은 바로 이것입니다.

혹 → 업 → 고! 이 인연법은 잘살고 못사는 길에 대한 가르침입니다. 이 속에 삶의 원리가 있고, 이 속에 잘사는 비결이 있습니다.

갈팡질팡 미혹으로 업 지으면 고를 받고
반듯하게 원을 세워 업 가꾸면 극락이라

부디 이 짤막한 '혹 → 업 → 고'와 '무명 → 취 → 고'의 인연법을 자주자주 새기고 깨우쳐, 극락의 삶을 열어가시기 바랍니다.

인생을 바꾸게 하는 인연법

인연 따라 사는 중생

이제 인연법을 우리 인생에 연관시켜 보겠습니다.

불교의 인연설은 세상에서 흔히 말하는 숙명론이나 운명론과는 결코 같은 것이 아닙니다. 숙명론이나 운명론의 입장에서 보면 모든 사람의 운명은 태어나면서부터 결정되어 있다고 주장합니다. 곧 사주팔자대로 살거나, 전생의 업보대로만 살아야 한다는 것입니다.

숙명론자들은 '그렇게 타고난 것이므로 어쩔 수 없다'고 말합니다. '스스로의 의지와 노력이 아무리 강할지라도 삶의 흐름을 바꾸어 놓을 수 없다'

고 주장합니다.

  과연 그렇다면 이 세상에서 열심히 살 자가 몇이나 되겠으며, 남을 위해 노력할 사람이 몇이나 되겠습니까?

  그리고 또 한부류의 사람들은 인간의 본성을 성선설性善說·성악설性惡說 등으로 분류하기도 합니다. 인간의 본성이 '본래부터 착하다', '본래부터 나쁘다'를 논하고 있는 것입니다.

  이에 대해서도 불교에서는 인연설로 풀이하고 있습니다. 본래부터 선하게 또는 악하게 태어난 것이 아니라, 좋은 인과 좋은 연이 화합하면 삶이 착하게 발현되고, 그릇된 인과 어긋난 연이 만나면 삶이 그릇된 모습으로 나타나게 된다는 것입니다.

  이처럼 불교에서는 숙명론도 운명론도 성선설도 성악설도 따르지 않고 있습니다. 오로지 인연설을 내세워, 모든 것이 나 하기에 달렸음을 일깨우고 있으며, 나의 마음가짐과 행위로 말미암아 지금의 내 삶이 있게 되었다는 것을 천명하고 있습니다.

  지금 부귀영화를 누리거나 괴롭고 힘들게 사는 것 모두는, 과거에 심어 놓았던 씨[因]가 바로 이 시간

전까지의 여러 가지 주변 환경緣과 노력業에 의해 맺어진 결실果일 뿐, 절대자나 운명에 의해 이렇게 사는 것이 아니라는 것입니다.

다만 한가지, 단순히 금생의 마음가짐이나 행위만으로 이 생의 과보가 있게 된 것이 아니라고 설합니다.

오히려 눈에 보이고 능히 기억할 수 있는 금생보다는, 감지할 수도 기억할 수도 없는 전생의 인연과 업이 더 크게 작용할 때가 많다는 것입니다.

금생에 특별히 불교공부를 많이 하지 않았는데도 훌륭히 법사 노릇을 하는 사람은 과거생에 불교공부를 많이 하였기 때문이요, 전생에 도를 많이 닦은 사람은 현생에서 어려움 없이 도를 닦아 이룬다고 합니다.

부잣집에 태어나 평생을 편안하고 풍족하게 사는 사람은 과거생에 복을 많이 지었기 때문이요, 현생에서 특별히 예능공부를 하지 않았는데도 초인적인 실력을 발휘하는 이들이 종종 있는 것은 전생에 익힌 예술적인 재능 덕분입니다.

또 과거생에 장원급제를 하겠다고 원을 세운 사람

은 사법고시나 대학시험 등에서 수석합격을 하여 이름을 떨치게 되고, '꼭 한번 부자가 되어 보리라'고 원을 세운 사람은 일생에 한번은 돈을 많이 벌 수 있게 됩니다.

그리고 산중의 절에 잠깐 머물면서 '참 좋다'는 감정을 일으키고는, '나도 다음 생에는 승려가 되리라'고 원을 세우게 되면 내세에 출가하여 스님이 되기도 합니다.

그러나 이러한 원因을 세우기만 하고 충분히 복(緣과 業)을 쌓지 않은 사람의 경우에는 평생 스님으로 지내기가 용이하지 않으며, 일시적인 부자로 그치거나, 잠깐 수석합격의 기쁨을 누리는 것으로 끝을 맺는 경우가 많습니다.

뿐만이 아닙니다. 최고의 권력을 누리다가 자리에서 물러난 후 비난을 받으며 명예롭지 못하게 살아가는 사람도 있고, 처음에는 죽도록 사랑하던 연인이나 부부가 나중에는 말할 수 없는 상처를 서로에게 남기고 갈라서는 경우도 많습니다.

왜 이렇게 되는 것인가? 모두가 인因·연緣·업業·과果, 곧 인연의 법칙 따라 움직이기 때문입니다.

❀

　조선 중기 한양에는 허정승이라는 분이 살고 있었고, 그에게는 천하일색인 애첩 박씨가 있었습니다. 애첩은 허정승에게 갖은 정성과 함께 애교를 한껏 부렸고, 허정승도 애첩 박씨를 무척이나 사랑하여 잠시도 떨어져 있기를 싫어하였습니다.
　어느 해 봄, 허정승이 나라의 중요한 회의에 참여하고 며칠 만에 집으로 돌아와 보니, 그토록 사랑했던 애첩 박씨가 사라지고 없었습니다. 하인들을 불러 간 곳을 물었더니 너무나 뜻밖의 말을 하는 것이었습니다.
　"그저께 웬 숯장수가 숯을 팔러 왔는데, 둘이서 몇 마디를 주고받더니 집을 나가 돌아오지 않고 있습니다."
　허정승은 어이가 없었지만, 애첩을 잊을 수 없어 백방으로 수소문하였습니다. 그러나 그녀의 행방은 묘연하기만 했습니다. 머릿속에 애첩 생각밖에 없었던 허정승은 마침내 사직서를 내었습니다. 그리고는 그녀를 찾아 집을 나섰습니다. 몇 년에 걸쳐

조선 팔도 방방곡곡을 찾아 헤매었지만 애첩은 보이지 않았습니다.

어느덧 허정승의 발길이 오대산 깊은 산골에 이르렀을 때, 길 저쪽에서 웬 여자가 머리에 무엇을 이고 지나가는 것이 보였습니다. 그녀는 그토록 찾아 헤매었던 애첩, 바로 그 애첩이었습니다. 너무나 기뻐 단숨에 달려갔지만, 애첩은 조금도 반가워하는 기색이 없었습니다.

"당신이 떠난 후 정승자리도 마다하고, 이날 이때까지 당신만을 생각하며 팔도강산 구석구석, 찾아다니지 않은 곳이 없었다오. 과거지사는 따지지 않을 테니 다시 한양으로 돌아갑시다."

그러나 애첩은 '싫다'고 했습니다.
"그 숯 굽는 이가 나보다 더 좋소?"
"좋습니다."
"어떠한 점이 나보다 더 좋다는 것이오?"
"하여간 저는 그이가 좋습니다."
"정녕 돌아가지 않겠소?"
"절대로 안 갑니다."
절대로 안 간다는 말을 남긴 여인은 뒤도 돌아보

지 않고 총총걸음으로 사라져 갔습니다. 너무나 허무함을 느낀 허정승은 오대산 상원사로 들어가 승려가 되었습니다. 그리고 참선을 하며 그토록 사랑했던 애첩이 떠나간 까닭을 알고자 했습니다.

"왜 그녀가 나를 떠나갔을까? 왜 그녀는 나에게 그토록 냉정해진 것일까? 왜? 도대체 왜? 무슨 까닭인가? …"

하루는 이 생각을 하며 길을 걷다가 돌부리에 걸려 넘어지면서 머리를 다쳤습니다. 아픈 줄도 모르고 애첩을 떠나간 까닭을 생각하다가 정신을 차리고 보니, 상처는 이미 아물었고 잔디밭에는 피가 엉겨 있었습니다.

그 순간, 그토록 궁금해했던 자기와 애첩과의 과거 인연이 확연히 보였습니다.

허정승의 전생은 참선하던 승려로, 어느 날 그의 몸에 이 한마리가 붙었습니다. 그는 몸이 가려웠지만, 철저한 수행승 답게 피를 제공할 뿐 이를 잡지 않았습니다.

그러던 어느 날, 공양을 받기 위해 신도 집에 초대되어 갔는데, 그날따라 이가 유난히 스님의 몸을 가렵게 만들었습니다. 스님은 몰래 그 이를 잡아 마루 옆에 있는 복실개의 몸에 놓았고, 이는 복실개의 몸에 붙어 피를 빨아먹으며 살다가 죽었습니다.

그 인연이 금생에 와서 허정승과 애첩과 숯장수의 일로 전개되었던 것입니다.

이는 애첩이 되어, 전생의 수행한 공덕으로 높은 벼슬을 한 허정승에게 찾아와 수년 동안을 지극히 모셨고, 허정승과의 인연이 다하자 복실개의 후신인 숯장수를 따라가 살게 되었으며, 허정승 자신은 전생의 살아온 버릇대로 출가승이 되었던 것입니다.

❦

세상의 모든 일은 우연히 이루어지는 것이 하나도 없습니다. 좋은 일이거나 궂은 일이거나 내가 짓고 내가 받을 뿐입니다. 이 간단한 진리를 모르기 때문에 인간은 남을 원망하거나, 스스로를 비관하고 회의에 빠져들어 괴로워합니다.

'나는 왜 이래야만 하는가?'

하지만 나 또는 나의 주위에서 일어나는 기쁘고 슬픈 일들 모두가 나로 말미암아(因) 생겨난 일이요, 내가 관련되어〔緣〕 이루는 일들이니 어찌 하겠습니까?

그러므로 일어나는 모든 일에 대해 인연법으로 비추어 보면서, '나'를 잘 가꾸고 다스려야 평안과 행복을 누릴 수 있습니다.

인연의 법칙은 틀림이 없다

부처님께서는 인연법을 달리 '의타기依他起'라고 표현하셨습니다. '나' 혼자만의 힘으로 이룩되는 것이 아니라, '다른 것과 서로 의지하여 일어난다'는 것입니다.

그런데 '다른 것'을 무시하고 '나의 것'만을 추구해 보십시오. 남을 무시하고 나만 홀로 우뚝 서려고 해 보십시오. 나만 행복하면 남은 불행해져도 좋다는 생각으로 살아보십시오.

'나'는 결코 행복해질 수도, 높이 올라설 수도 없습니다. 오히려 남이 나를 받쳐주지 않기 때문에 항상 밑바닥에서 살 수밖에 없고, 고독과 불행만을 되씹을 수밖에 없습니다.

이것은 법칙입니다. '그렇게 되게끔 되어 있는' 법칙입니다. 인연 속에서 나쁜 업을 지으면 꼭 나쁜 과보가 돌아오게 되어 있습니다.

약 2백년 전, 일본 요꼬하마의 팔왕사 밑의 마을

에 명주실을 팔아 생계를 잇는 한 상인이 있었습니다. 어느 날 상인은 이웃 도시로 가서 일 년 동안 생산한 명주실을 팔고 집으로 돌아오다가, 날이 저물어 주막집에 머물게 되었습니다.

그는 주막집에서 도박을 하다가 돈을 모두 잃은 장정과 한 방을 쓰게 되었고, 밤이 늦도록 이런 저런 이야기를 하다가 도박꾼에게 명주실을 판 돈이 있음을 우연히 노출시켜 버렸습니다.

이튿날 도박꾼은 상인이 가는 길목으로 먼저 가 숨어 있다가, 상인이 나타나자 칼로 등을 길게 내리쳐 죽이고 돈을 강탈하여 달아났습니다.

도박꾼이 그 돈으로 술을 마시고 노름을 하며 세월을 보내는 사이, 도박꾼의 아내에게는 태기가 돌았고, 마침내 만삭의 몸이 되어 이듬해 옥동자를 낳았습니다. 그런데 아기를 목욕시키던 아내는 어깨에서 등 아래쪽으로 붉은 띠처럼 생긴 핏줄기가 부스럼처럼 돋아 길게 이어져 있는 것을 발견했습니다.

'이상하다, 갓난아기에게 웬 흉터람?'

아내는 흉측한 그 자리를 열심히 씻어 주고 부지

런히 약도 발라주었지만 낫지를 않았습니다. 며칠 뒤 아내는 노름판에서 살다가 돌아 온 남편에게 조심스럽게 말했습니다.

"여보! 우리 아기입니다. 한번 안아보세요. 그런데 참으로 이상해요. 아기의 등에 부스럼 같은 것이 길게 있는데 없어지지가 않아요. 어떻게 된 일일까요?"

남편은 아기의 등을 보았고, 흉측하게 생긴 줄은 지난 해에 죽인 상인에게 칼로 내리쳤던 바로 그 자리에 있었습니다. 노름꾼은 소름이 끼쳤습니다.

'아! 죽은 상인이 원수를 갚으려고 나의 아들로 태어난 것은 아닐까?'

무서운 생각이 뇌리에 스쳤고, 그 뒤 아기를 볼 때마다 공포심이 치솟아 견딜 수가 없었습니다. 마침내 그는 아내가 잠시 집을 비운 사이에 두 손가락으로 아기의 코를 꽉 잡아 질식사를 시켰습니다.

이듬해 아내는 또 남자 아기를 낳았는데, 이 아기는 더욱 이상했습니다. 두 손가락으로 코를 꽉 쥐고 있을 때처럼 코가 홀쭉하게 생긴데다가, 등에는 이미 죽은 아기처럼 붉은 부스럼의 띠가 있었습니다.

도박꾼은 그 아기가 또다시 원수를 갚으러 온 것 같았지만 거듭 죽일 용기는 나지 않았습니다. 다만 아기를 볼 때마다 죽인 상인과 예전 아들의 얼굴이 떠올라 공포에 떨었고, 술로 하루하루를 지새웠습니다.

마침내 세월이 흘러 상인이 죽은 지 7년이 되는 여름날 밤, 노름꾼이 술에 취해 집으로 돌아와 보니 아내는 어디론지 가고 없고 어린아이 혼자 호롱불 아래에서 잠이 들어 있었습니다. 그는 술기운에 젖어 아이의 옆에 꼬부라졌고, 어느새 깊은 잠에 빠졌습니다.

그 때 다섯 살 된 아들이 일어나 소변을 보기 위해 밖으로 나가다가 호롱불을 쓰러뜨렸습니다. 호롱에 든 기름은 노름꾼의 몸 위에 쏟아졌고, 노름꾼은 순식간에 불에 타 죽었습니다.

그 날이 죽은 상인의 제삿날이었다고 합니다.

§

인·연·업·과의 법칙에는 예외가 없습니다. 선인善因을 심었으면 선과善果가 돌아오고 악인惡因을 심었으면 악과惡果가 돌아옵니다. 내가 남을 해하였는데 어떻게 편히 살 수 있겠습니까?

　실제로 있었던 이 이야기에서처럼 아무리 피하고자 하여도 과보는 피할 길이 없습니다. 아기를 죽인다고 하여 해결이 되었습니까? 그렇지 않았습니다. 죽은 아기는 질식사 당할 때의 코 모양까지 갖추고 다시 돌아오지 않았습니까?

　원수가 왔다는 것을 안 노름꾼은 더 큰 공포심 때문에 더 이상 죽일 생각을 못하였고, 두려움 속에서 술로 지새며 몇 년을 고통스럽게 지내야 했습니다. 그리고 마침내는 불에 타서 죽는 과보를 받으며 생을 마감하였습니다.

　과연 그가 죽은 다음 어떻게 되었을까요? 부처님께서 당시에 계셨다면 틀림없이 '무수한 생애를 지옥에서 고통 받고 있다' 고 하셨을 것입니다.

지금 이 자리에서 잘하면

우리는 명심해야 합니다. 나에게 다가오는 모든 인연의 주체는 바로 '나'라는 것을!

내가 나의 이익과 나의 사랑에 빠져 남을 무시하고 해치고 손해를 입히면 악연을 만들게 되고, 내가 '나와 남을 함께 살리는 생각을 하고 서로를 살리는 행동을 이루어 내면' 좋은 인연을 맺을 수 있습니다.

'나를 어떻게 다스리느냐'에 따라 다가오는 인연도 다른 모습을 띠게 됩니다. 선연이냐? 악연이냐? 이것은 오직 '나' 하기에 달려 있는 것입니다.

가만히 주위를 둘러보십시오. 눈길을 옮기고 귀를 기울이는 모든 것에서 우리는 수많은 인연들을 만나게 됩니다. 선연도 만나고 악연도 만납니다.

하지만 그 많고 많은 인연들 중에는 절대적인 선연도 절대적인 악연도 없습니다. 절대적인 불행도 절대적인 행복도 없습니다. 왜냐하면 인因과 연緣이 잠시 합하여 모습을 나타내었기 때문입니다.

과거는 이미 흘러갔고 미래는 아직 오지 않았습니

다. 중요한 것은 '지금 이 자리'입니다. 지금 이 자리를 잘 가꾸면 전생의 업으로 인한 과보를 가벼이 할 수 있을 뿐 아니라, 앞으로의 삶이 더욱 좋아지게 됩니다.

곧 전생 업의 폭우가 몰아칠지라도, 지금 이 자리에서 업을 푸는 쪽으로 마음을 잘 다스리고 바르게 실천하면, 폭우의 피해를 최소한으로 줄일 수 있을 뿐 아니라 더욱 윤택한 삶을 누릴 수 있습니다. 마치 비바람을 잘 견딘 초목이 푸르름을 더하듯이….

이제 우리는 전생의 업보를 참회하면서 바른 마음가짐으로 현세의 업을 잘 닦아가는 조화로운 불자가 되어야 합니다. 업보는 인과 연이 모여서 생겨나는 것! 지금 이 자리에서의 '나'의 마음가짐과 행동은 과거의 업을 어떤 식으로 싹 틔울 것인가를 결정 짓는 연緣으로 작용함과 동시에 미래의 씨가 됩니다.

실로 '지금 이 자리'는 과거의 맺힌 업을 푸는 과果의 자리이면서 새로운 업을 짓는 인因의 자리입니다. 그러므로 지금 이 자리에서 어떠한 마음가짐을 갖느냐에 따라 맺힌 업을 풀고 푼 업을 더욱 원만하게 가꿀 수도 있으며, 새로운 악업을 맺어 더 나쁜 상태로 자신을 몰고 갈 수도 있습니다.

맺느냐? 푸느냐? 잘사느냐? 못사느냐? 이는 오직 지금 이 자리에서 내가 어떻게 하느냐에 달려 있으며, 이것이 부처님께서 설하신 인연법의 진정한 까닭입니다.

인생을 바꾸고자 한다면 부디 인연법부터 믿으십시오. 나의 마음가짐과 나의 실천이 나의 '지금 이 자리'를 바꾸고 주변을 바꿉니다. 인연의 도리를 알고 인연법을 믿으면 능히 지난날의 업을 가벼이 만들고 향상의 길로 나아가게끔 합니다.

그럼 인연의 법칙 속에서 행복과 불행의 삶을 맺고 푸는 가장 중요한 원동력인 '나'의 마음씨와 나의 마음다짐〔因〕, 나의 실천〔業〕은 어떠해야 하는가? 이제 장을 바꾸어 이에 대해 차근차근 함께 살펴보고자 합니다.

마음은 인연을 푸는 열쇠

마음씨와 인연

마음의 다짐과 인연의 전개

마음씨와 인연

마음씨는 마음의 땅에 심는 인因

대자대비하신 부처님께서는 늘 강조하셨습니다.

"인연과 업보를 바로 보아라. 모든 것은 인과 연의 화합으로 생겨나고, 인과 연이 흩어지면 자연 소멸된다. 그 무엇도 인因 하나만으로 존립하는 것은 없고, 연緣 하나만으로 생겨나는 것도 없으며, 지난날의 업보만으로 지금을 사는 것도 아니다. 인연의 법칙 속에서 가장 중요하게 작용하는 것은 언제나 근본인根本因이 되는 '나의 마음씨'이다."

나의 마음씨! 부처님께서 설하셨듯이 인연법 속에서 가장 중요시한 것은 근본인이 되는 '나의 마음씨'입니다.

불교에서는 우리에게 행복과 불행을 안겨주는 업력으로 신身·구口·의意 삼업三業을 들고 있습니다. 곧 몸으로 짓는 행위와 입으로 하는 말과 마음에서 일어나는 생각들이 업을 만들어 낸다는 것입니다.

그런데 삼업의 밑바닥에는 근본인根本因이 되는 마음씨라는 것이 있습니다. 이 마음씨에 따라 몸으로 짓는 업이 다르게 나타나고, 입으로 내뱉는 말이 달라지고, 마음속의 생각이 달라지는 것입니다.

실로 '나의 마음씨'가 탐욕과 분노와 어리석음·교만·의심·고집 등에 젖어 있으면 근심걱정이나 잡생각이 많아지고, 입에서는 바른 말이 나오지 않으며, 바르지 못한 행동을 함부로 저지르게 됩니다.

반대로 무욕無欲과 자비심의 씨를 품고 있으면 언제나 남의 향상을 생각할 뿐 아니라, 사심 없는 고운 말이 저절로 나오며, 자연스럽게 남을 살리고 베푸는 일을 할 수 있게 되는 것입니다.

이처럼 인·연·업·과因緣業果의 전개와 인연 가꾸기, 그리고 복된 삶을 이루는 데 있어 참으로 중요한 것이 '마음씨'입니다.

사람들은 '마음씨가 곱다', '마음씨가 차갑다'는 등의 말을 자주 쓰는데, 이 '마음씨'는 '마음 땅[心地]에 심어 놓은 씨앗[因]'에서 나온 말입니다.

곧 마음 땅에 어떤 씨를 심느냐는 것은 '어떤 인因을 간직하느냐'는 것입니다. 보다 쉽게 이야기하면, '어떠한 마음가짐으로 어떠한 생각을 하며 살아가느냐' 하는 것입니다.

내가 나쁜 생각에 빠져 나쁜 짓을 하는 것은 '나'의 마음 땅에 나쁜 씨를 깊이 심는 것이 됩니다. 그럼 그 열매는 누가 거둡니까? 다른 누구도 아닙니다. 그 마음 땅의 주인인 내가 거둘 수밖에 없습니다.

좋은 생각을 발하여 좋은 일을 행하면 누가 행복해집니까? 물론 남도 행복해지지만 가장 행복해지는 이는 바로 '나'입니다. 그러므로 인연을 잘 가꾸고자 하는 우리는 무엇보다 먼저 마음 땅에 좋은 씨를 심어야 합니다.

복은 내가 짓고 내가 받는 것입니다. 복을 거둘 수 있는 마음씨를 갖추어 정성을 다하면 틀림없이 복은 '나'에게로 다가오게 되어 있습니다. 그러므로 좋은 근본인根本因을 심어야 합니다. 좋은 근본인이 갖추어 질 때 '나'의 앞길은 행복하게 열리고 평화롭게 전개됩니다.

실로 복된 삶과 불행한 삶은 품고 있는 마음씨에 따라 달라집니다. 좋은 마음씨에는 선연善緣이 모여들기 때문에 결과적으로 행복해지지 않을 수 없고, 그릇된 마음씨에는 악연惡緣이 모여들기 때문에 불행의 과보를 받게 되는 것입니다. 잠깐 이와 관련된 옛 이야기 한 편을 함께 음미해 봅시다.

※

중국 명나라 때에 강소성 관운현의 현청縣廳에서 일을 하는 황대黃大라는 이가 있었습니다. 마음이 착했던 황대는 받은 봉급을 고스란히 아내에게 주었지만, 아내는 매우 인색하여 그 돈을 단지에 숨겨두고 가난뱅이 행세를 하였습니다.

어느 날 그의 집으로 마음씨가 아주 고운 홍옥紅玉

이라는 하녀가 들어왔고, 황대의 아내는 홍옥의 고운 마음씨를 악용하여 아무리 일을 열심히 하여도 품삯을 제대로 주지 않았습니다. 황대의 아내는 자주 말했습니다.

"지금 우리 집에는 돈이 없다. 당분간 품삯을 적게 주더라도 참아다오. 어려울 때 서로 도와야 하지 않겠니?"

착한 홍옥은 작은 품삯에도 별 불만 없이 열심히 일했습니다. 그렇게 몇 해가 흐른 어느 추운 겨울날, 황대의 집으로 남루한 옷차림의 스님이 찾아와 홍옥에게 동냥을 청했습니다. 마침 황대의 아내가 집을 비웠으므로 홍옥은 집에 있던 떡 몇 개를 주며 말했습니다.

"저는 이 집의 주인이 아니기 때문에 달리 시주를 할 수가 없습니다. 이 떡으로라도 요기를 하십시오. 스님, 죄송합니다."

"감사히 받겠습니다. 나무관세음보살."

스님이 발길을 돌려 골목을 채 빠져나가기도 전에 황대의 아내가 집으로 들어서며 홍옥에게 물었습니다.

"방금 나간 승려에게 무엇을 주었느냐?"

"마님, 얼굴이 초췌하고 심히 배가 고픈 듯 하여 떡 몇 개를 드렸습니다."

"뭐라고? 누가 너에게 함부로 인심을 쓰라고 하더냐? 몇 개의 떡이라도 우리 집에서는 귀중한 것이다. 빨리 쫓아가서 떡을 찾아오너라."

눈을 부라리며 잡아먹을듯이 소리치는 마님의 명을 거역할 수 없어 홍옥은 스님을 찾아갔습니다.

"스님, 하녀인 저로서는 마님의 뜻을 거스를 수 없습니다. 죄송스럽지만 조금 전에 드린 떡을 돌려주십시오."

그리고는 품삯으로 받았던 약간의 돈을 꺼내어 스님께 드렸습니다.

"스님, 비록 얼마 되지는 않지만 품삯으로 받은 저의 돈입니다. 이것으로 필요한 것을 사시고 떡만은 돌려주십시오."

스님은 떡을 돌려주고 돈을 받으며 빙그레 미소를 지었습니다.

"아가씨는 참으로 착한 마음씨를 지녔구려. 돈을 그냥 받을 수는 없으니 나도 선물을 하나 드리리다.

이것을 받아 두시오."

　스님이 주신 것은 거울이었습니다. 그런데 묘한 일이 일어났습니다. 홍옥의 얼굴은 그다지 예쁜 편은 아니었는데, 거울을 보면 볼수록 얼굴이 점점 아름다워지는 것이었습니다.

　마침내 홍옥은 빼어난 미인의 얼굴을 갖게 되었고, 그 까닭을 안 황대의 아내는 거울을 빼앗아 하루에도 몇 차례씩 거울을 보고 또 보았습니다. 그러나 그녀의 얼굴은 점점 길어지고 흉하게 변할 뿐이었습니다.

　화가 난 황대의 아내는 홍옥을 내쫓고자 했습니다. 그리고 그동안 주지 않았던 품삯 중의 일부만을 주고 내보낼 생각으로 돈을 넣어 두었던 단지를 열었습니다. 그러나 단지 안에는 한 푼의 돈도 없었습니다. 돈 대신 나뭇잎만 가득 차 있을 뿐….

　쫓겨난 홍옥은 때마침 행차하던 현감의 눈에 띄었고, 그녀의 미모에 반한 현감의 청혼을 받아들여 그의 아내가 되었습니다. 그리고 부귀영화를 누리며 사는 행복한 사람이 되었습니다.

8

　다소는 불가사의한 이야기로 들릴 수도 있습니다. 하지만 이것이 인연의 법칙입니다. 마음씨! 마음씨가 모든 업의 근본이 됩니다.
　우리는 눈에 보이지 않는 우리의 마음 땅에 씨를 잘 심어야 합니다. 내 마음씨, 내 마음속의 씨에 따라 나의 존재가 바뀌고 동시에 세상이 바뀝니다. 지금 나의 마음 땅에 어떤 씨를 심느냐? 어떤 마음가짐으로 사느냐에 따라 미래의 행복과 불행이 판가름 지어 집니다.
　가난했던 홍옥이 거울을 얻어 미인이 되고 마침내 부귀영화를 누리게 된 것은 오직 하나, 착하고 넉넉한 마음씨 때문이었습니다. 황대의 아내가 모아두었던 돈을 잃고 추녀가 된 것도 오직 하나, 욕심 많고 인색한 마음씨 때문이었습니다.

마음씨가 법계의 기운을 모은다

실로 '나'를 죽이느냐 살리느냐는 '나'의 마음씨에 달려 있습니다. '나'의 행복과 불행은 '나'의 마음씨에 달려 있습니다. 왜? 왜일까요? '나'의 마음씨는 단순히 '나'의 마음씨로 끝나지 않기 때문입니다.

마음씨의 '씨'는 인因입니다. '나'의 마음 땅에 심어놓은 그 씨는 독립된 것이 아니라 대우주 법계와 연결되어 있기 때문에, 법계 속에 가득 차 있는 같은 파장의 기운을 불러들이는 것입니다.

우리가 살고 있는 이 법계에는 무수한 기운이 가득 차 있습니다. 부富의 기운, 행복의 기운, 탐욕의 기운, 가난의 기운, 지혜의 기운, 미혹의 기운, 평화의 기운, 자비의 기운, 사랑의 기운 등등….

하지만 그 기운은 그냥 오는 것이 아닙니다. 나의 마음씨에서 퍼져나가는 파장과 법계에 흐르고 있는 파장이 같아야만 그 기운이 나쪽으로 몰려옵니다. 곧 나의 마음씨가 법계 속의 여러 기운 가운데 나에게 맞는 기운을 끌어당기는 것입니다.

부富를 담을 수 있는 마음씨는 법계 속에 가득한 부의 파장과 사이클을 맞추어 부의 기운을 불러들이고, 행복을 담을 수 있는 마음씨는 법계 속에 가득한 행복의 파장과 사이클을 맞추어 스스로를 복되게 변화시키며, 깨달음을 담을 수 있는 마음씨는 법계에 가득한 진리의 파장과 통하여 깨달음이 스스로 다가오게끔 만드는 것입니다.

대부분의 사람들은 부자가 되고 싶어합니다. 그러나 누구든지 부자가 될 수 있는 것은 아닙니다. 아무리 부자가 되기를 바란다고 한들 나의 마음씨가 가난하면 법계에 가득 차 있는 재물이 나에게로 오지 않습니다.

왜 오지 않습니까? 파장이 맞지 않기 때문입니다. 사이클이 맞지 않기 때문입니다. 채널이 맞지 않기 때문입니다. 누구든 원하는 TV프로를 보고자 하면 반드시 채널을 맞추어야 합니다. A방송국 프로를 보고자 하면서 B방송국의 채널을 맞추고 있으면 결코 볼 수가 없는 것과 같은 이치입니다.

그러므로 행복을 원하고 부자 되기를 바라고 평화롭게 살고자 한다면 그에 맞는 마음씨부터 갖추어야 합니다. 원하는 것에 맞는 마음씨를 갖추는 것! 그것이 바로 원성취願成就의 인因입니다. 마음 땅에 원하는 싹을 틔울 수 있는 씨를 심는 것! 그것이 바로 정인正因입니다.

이와 같이 내 마음의 땅에 인因이 바르게 심어져 있으면, 법계에 가득 차 있는 인因에 맞는 기운들은 저절로 모여듭니다.

이때 모여드는 기운이 무엇입니까? 바로 연緣입니다. 그 연緣들이 인因인 '나'를 방해하지 않으면 내가 행하는 노력[業]이 헛되지 않게 되고, 바라는 바의 훌륭한 과보[果]는 자연히 이루어지게 되는 것입니다. 어찌 원성취가 어렵다고만 할 것입니까?

그런데 우리 중생의 삶은 어떻습니까? 마음씨를 갖추기도 전에 기대부터 하고, '나는 그렇게 되지 못한다'고 한탄을 하거나 남과 세상을 원망합니다. 때로는 혼자만의 공상이나 번뇌망상에 빠져 끊임없이 허덕일 뿐입니다.

차분히 생각을 해 보십시오. 한탄과 원망이 나를 살아나게 합니까? 헛된 욕망이 바라는 것을 가져다 줍니까? 혼자만의 공상이나 번뇌망상이 인생을 값지게 만들어 줍니까?

　꼭 명심하십시오. '나'의 행복에 있어, '나'의 원성취에 있어 가장 중요한 것은 '나'의 마음씨입니다. '나'의 마음씨, 내 마음 땅에 심은 씨, 곧 인因에 따라 인생이 다르게 전개됩니다. 마음씨를 바꾸면 인생을 바꿀 수 있습니다.

마음의 다짐과 인연의 전개

마음 땅에 저주의 씨를 심으면

 이제 인과응보, 곧 인연의 법칙과 관련된 불경 속의 이야기를 함께 음미하면서, 마음씨의 중요함을 더욱 깊이 새겨보고, 불자들이 인연법에 대해 그릇되게 이해하기 쉬운 사항과 꼭 명심해야 할 인연의 원리에 대해 함께 살펴 보고자 합니다.

❁

 부처님 당시에 한 나그네가 왕사성王舍城 성문 밖에서 걸식을 하다가, 얼마 전 새끼를 낳은 사나운 암소의 뿔에 떠받혀 목숨을 잃었습니다.

겁이 난 소의 주인은 급히 소를 팔았으며, 소를 산 사람은 물가로 소를 끌고 가다가 소가 뒤에서 떠받는 바람에 즉사를 하고 말았습니다.

그 장면을 목격한 아들은 화가 치밀어 올라 아버지를 죽인 그 소를 즉시 때려잡았습니다. 하지만 아버지를 죽인 소의 고기를 먹을 수가 없어 시장에 내다 팔았습니다.

마침 한 시골 사람이 그 소의 머리를 사서 메고 집으로 가다가 나무 밑에 앉아 잠시 쉬었습니다. 그는 새끼에 매단 소머리를 나뭇가지에 걸어 놓았는데, 새끼가 끊어지는 바람에 떨어지는 소의 뿔에 찔려 죽고 말았습니다.

소 한 마리가 하루만에 세 사람을 죽인 괴이한 사건! 이 사건은 빔비사라왕에게까지 보고되었고, 왕은 부처님을 찾아 뵙고 까닭을 여쭈었습니다.

"세상의 일에는 반드시 그 원인이 있기 마련인데, 이 사건은 지금 시작된 일이 아닙니다."

그리고는 이 사건과 관련된 인연담을 들려주셨습니다.

옛날 세 사람의 상인이 이웃나라로 장사를 하러 가서, 외로이 홀로 사는 노파의 집에 머물게 되었습니다. 그들은 첫날 노파에게 말했습니다.

"할머니, 잘 부탁드립니다. 저희들이 떠날 때 넉넉히 값을 치르겠습니다."

그 말을 믿은 노파는 정성껏 숙식을 제공하였지만, 며칠 동안 편히 지낸 세 상인은 노파가 없는 틈을 타서 값도 치르지 않고 떠나갔습니다. 밖에서 돌아온 노파는 그들이 떠난 것을 알고 분노하여, 수십 리 길을 뒤쫓아가서 그들을 만났습니다.

"이 날강도 같은 놈들! 어서 숙식비를 내어 놓아라."

"무엇이라고? 오늘 아침에 분명히 주었는데 여기까지 따라와서 또 달라고 해?"

혼자 사는 노파를 만만하게 본 상인들은 도리어 고함을 치며 노파를 몰아 세웠습니다. 힘 없고 외로운 노파는 시치미를 떼는 그들에게 돈을 받을 수가 없었습니다. 하지만 치솟는 분노 속에서 그들을 향해 이를 갈면서 저주의 맹세를 퍼부었습니다.

"내가 지금은 힘이 없어 너희들을 어떻게 할 수가

없지만, 이 다음 생에는 너희들을 만나 이 원한을 풀 것이다. 축생이 되어서라도 너희들을 한꺼번에 죽이고 말겠다."

부처님께서는 이 전생담을 들려주시고 말씀하셨습니다.

"그때 저주의 맹세를 한 노파가 바로 오늘의 저 암소요, 소뿔에 받혀 죽은 세 사람은 숙식비를 떼먹고 달아난 그때의 상인들입니다."

☗

『법구비유경法句譬喩經』에 수록된 이 이야기의 주제는 '저주의 맹세'입니다.

우리의 상식으로 생각할 때 전생에 돈을 주지 않았다면 현생에 여러 생의 이자가 붙은 보다 많은 돈을 갚는 과보를 받아야 정상입니다. 그런데 이 이야기 속의 과보는 어떻습니까? 돈이 아니라 목숨이었습니다. 어떻게 돈이 목숨으로 바뀔 수 있습니까?

하지만 이와 같은 변화는 얼마든지 가능합니다. 이야기를 통하여 분명하게 알 수 있듯이 '노파의 저주'가 작용하였기 때문입니다. 분이 치민 노파가 스스로의 마음 땅에 "축생이 되어서라도 한꺼번에 죽이고 말겠다"는 강한 저주의 씨를 심은 것입니다.

마음 땅에 심은 저주의 씨는 한 생生 만에 싹을 틔우고 크게 자라나 마침내 뿔을 갖춘 소로 태어났고, 심은 저주의 맹세대로 그들을 하루 만에 모두 죽였습니다. 사실 세 사람의 전생 업이 현생에 꼭 죽음의 과보를 받을 만큼의 악독한 행위는 아니었지만, 노파의 원한과 저주 때문에 죽어간 것입니다.

이것을 우리는 잘 유념해야 합니다. 앞에서도 강조하였듯이, '나와 남의 마음 땅에 어떠한 씨를 심느냐' 하는 것이 가장 근원적인 인연의 법칙으로 작용을 한다는 것입니다.

그러므로 내 마음 땅만 생각하고 내 마음 편한 대로 해석하며 살아서는 안됩니다. 살면서 알게 모르게 남의 가슴에 못을 박아 상대가 저주의 씨를 심도록 하지 않았는지도 가끔씩은 되돌아보아야 합니다. 그리고 한이 맺히도록 한 것이 있으면 맺힌 것을 풀고자 노력해야 합니다.

'잘못했다'는 진심 어린 말 한마디면 풀 수 있는

것을, '보지 않으면 그만이요, 모른 척 하면 그만'이라는 생각으로 방치해 보십시오. 상대방의 마음 땅에 심은 한의 씨가 자라나 악연惡緣이 무르익으면, 예상치도 못하였던 엉뚱한 과보를 받게 되는 것입니다.

정녕 인간관계 속에서 좋은 인연을 가꾸고 서로를 살려 가는 사람에게는 어떠한 불행도 범접을 하지 못합니다. 어찌 불자인 우리가 상대의 마음에 저주의 씨를 심고 원한의 불길을 피우는 인연을 맺을 것입니까?

맺힌 것이 있으면 곧바로 참회하여 풀고, 보다 좋은 인연으로 가꾸어 가는 불자가 되어야 합니다. 이를 꼭 상기시키기 위해 한 편의 이야기를 더 새겨보고자 합니다.

마음밭에 다짐하며 심은 씨

❁

 부처님 제자 가운데 지혜의 눈을 떠서 아라한이 된 미묘微妙 비구니가 있습니다. 하지만 출가하기 전의 그녀는 매우 기구한 삶을 살았습니다.

 덕 높은 바라문의 딸로서 매우 빼어난 미모를 지녔던 그녀는 총명한 이웃 나라 바라문과 결혼하여 첫 번째 아들을 낳아 행복하게 살았습니다. 그리고 두 번째 아기를 낳을 때가 가까워지자 당시의 풍습대로 남편과 첫아들을 데리고 친정으로 향했습니다.

 친정으로 가던 도중에 갑자기 진통을 느낀 그녀는 나무 아래에 자리를 펴고 아기를 낳았으나, 그날 밤 남편은 독사에게 물려 죽었습니다.

 어처구니 없는 남편의 죽음에 충격을 받아 그녀는 기절을 했습니다. 그러나 잠시 뒤 아이들의 울음소리를 들으며 깨어나서는 큰 아이를 등에 업고 갓난아기를 품에 안은 채 사람의 자취도 보이지 않는 멀고 험한 길을 걸어갔고, 마침내 수심이 깊고 폭이

넓은 큰 강을 만나게 되었습니다.

'이 아이 둘을 한꺼번에 데리고 건너면 모두가 죽게 되리라.'

큰 아들을 강가에서 기다리게 한 그녀는 먼저 갓난아기를 업고 강을 헤엄쳐 건너가서 큰 나무 밑에 아기를 내려놓았습니다. 그때 강 건너의 큰 아이가 어머니를 부르며 강으로 들어오다가 물살에 휩쓸려 떠내려가고 말았습니다.

그녀는 급히 강물로 뛰어들었으나 물결에 휩쓸려 가는 아이를 구할 수가 없었습니다. 눈물을 흘리며 다시 갓난아기에게로 돌아왔을 때에는 늑대가 이미 아기를 먹어버린 뒤였습니다.

또다시 실신을 하였다가 한참만에 깨어난 그녀는 넋을 잃은 채 정신없이 발걸음을 옮겼고, 마침내 친정 아버지의 친구인 한 바라문을 만났습니다. 그녀는 슬픔이 복받쳐 통곡을 하면서, 그동안 일어난 일들을 이야기한 다음 친정소식을 물었습니다.

"며칠 전에 너희 집에 큰불이 나서 부모님과 동생들이 모두 타죽고 말았단다."

이 비통한 소식을 듣고 그녀는 다시 까무러치고

말았습니다. 그 뒤 술망나니를 남편으로 맞이하여 온갖 학대를 받다가 견디지 못하여 도망쳤고, 또다시 재혼을 하였으나 남자가 얼마 지나지 않아 병들어 죽었으며, 또다시 도둑의 아내가 되었으나 며칠 만에 남편이 붙잡혀 사형을 당하는 기구한 운명을 겪어야만 했습니다.

결국 그녀는 부처님을 찾아가 출가하게 해줄 것을 사정하였고, 부처님께서는 그녀를 제자로 받아들였습니다. 그날부터 부지런히 정진한 그녀는 마침내 아라한이 되어 자신의 과거와 미래를 꿰뚫어 볼 수 있는 눈을 갖추게 되었는데, 그때 주위의 비구니들에게 말했습니다.

"내가 현세에서 받은 고통이란 말로 다 할 수 없는 것이었지만, 오직 그것이 전생에 내가 지은 업의 과보라는 점에는 틀림이 없습니다. 참으로 인과의 법에는 털끝만큼의 어긋남도 없습니다."

그리고는 현생에서 겪었던 기구한 삶을 들려준 다음, 전생에 심은 인因을 일러주었습니다.

"지난 세상에 한 부자가 있었고, 나는 그의 부인이었습니다. 하지만 내가 아들을 낳지 못하자 남편은 작은 부인을 두었습니다. 지체가 낮은 집 딸이었으나 용모가 매우 아름다웠기에 남편은 그녀를 몹시 사랑하였고, 마침내 사내아이를 낳았습니다. 남편과 작은 부인은 이루 말할 수 없이 기뻐하였지요. 그때 크게 시샘이 난 나는 생각했습니다.

'나에게는 자식이 없으니, 저 아이가 자라나면 이 집안의 재산을 모두 물려받게 될 것이다. 그때가 되면 나는 어떤 처지에 몰릴 것인가?'

여기에 생각이 미친 나는 질투심에 두려움까지 치솟아 아이가 성장하기 전에 죽여버려야겠다는 결심을 하게 되었지요. 그리고는 남몰래 아이의 정수리에 바늘을 깊이 꽂았고, 아이는 차츰 마르다가 열흘쯤 지나 죽었습니다. 작은 부인은 미친듯이 애통해하다가, 아이의 갑작스런 죽음이 나의 소행일 것이라 단정하고 추궁을 했습니다.

'당신이 우리 아이를 죽였지요?'

그때 나는 시치미를 뚝 떼고 펄쩍 뛰면서 맹세를 했습니다.

'만약 내가 아이를 죽였다면 다음 생의 내 남편은 독사에게 물려 죽고, 거기서 낳은 자식은 물에 빠져

죽거나 늑대에게 잡아먹힐 것이다. 내 부모형제는 불에 타 죽을 것이고, 나 또한 기구한 삶을 살 것이다. 이래도 나를 의심하겠느냐? 이래도 나를?'

그때 나는 인과의 도리를 알지 못하여 그와 같은 맹세를 하였던 것인데, 금생에 이르러 맹세한 그대로 과보를 받았습니다. 지금, 다행히도 나는 부처님의 가르침을 만나 아라한이 되었지만, 항상 뜨거운 바늘이 정수리로 들어와 발바닥으로 나가는 듯한 고통을 밤낮없이 겪고 있습니다."

　　　　　　　　　§

너무나 처참하고 기구했던 미묘 비구니의 이야기. 『현우경賢愚經』에 수록되어 있는 이 이야기가 우리에게 깨우쳐 주는 것은 무엇일까요? 인과의 법칙은 털끝만큼도 어긋남이 없다는 것을 보여주고 있습니다. 그러나 그것보다 더 중요한 가르침은 '나의 맹세가 곧 업보로 나타나게 된다' 는 것입니다.

나의 맹세가 업보로 나타난다

　다시 한 번 이야기를 정리해 봅시다. 미묘 비구니의 전생시절, 큰 부인이었던 그녀는 작은 부인의 아들을 죽였습니다. 그렇다면 마땅히 자신이 고통스럽게 죽는 과보와 살생한 과보를 받는 것이 순리입니다.

　그런데도 그녀는 남편이 독사에게 물려 죽고, 아이가 익사하고 늑대에게 잡아먹히는 과보, 부모 형제가 불에 타서 죽는 과보를 겪었습니다. 가장 사랑하는 이들의 처참한 죽음 속에서 최악의 고통을 경험하며 죽음보다 더한 삶을 산 것입니다.

　왜 이렇게 되었습니까? 작은 부인이 추궁을 하자 인과의 법칙을 몰랐던 그녀가 순간적으로 죄를 모면하기 위해 강한 맹세를 하였기 때문입니다. 그리고 결과적으로 그 맹세대로 과보를 받은 것입니다.

　이것이 무엇입니까? 바로 인연법입니다. 그녀의 마음에 함부로 심은 씨가 그대로 발아된 것입니다. 그럼 왜 그녀 하나만 극심한 고통 속의 죽음을 받지 않고 다른 가족들이 처참하게 죽었는가?

맹세에 따른 법계의 인연들이 모여든 것입니다. 바로 이것이 법계의 조합이요 조화입니다. 그녀가 심은 맹세의 씨가 법계의 법칙을 움직여 적절한 과보를 받을 인연 있는 중생들을 그녀 옆에 등장시킨 것입니다. 그리하여 스스로 맹세한 그대로, 한 생에서 최악의 시련을 모두 겪게 된 것입니다.

여러 불경 속에는 미묘 비구니와 같은 유형의 인연이야기가 참으로 많습니다. '내 마음 땅에 심은 맹세의 씨대로 내가 거둔다'는 법칙을 밝힌 이야기가….

그런데도 많은 불자들은 이러한 인연의 법칙에 대해서는 별로 관심을 기울이지 않는 듯 합니다. '나의 마음 땅에 심는 씨앗'에 대해서는 별로 생각을 않는 듯 합니다. 오히려 살생·투도·사음 등의 행위나 망어·악구 등을 범하지 않으면 된다고 여깁니다.

하지만 진정으로 부처님께서 깨우치고자 하셨던 것은 바로 마음 땅에 심는 마음씨입니다. 마음씨가 바르면 생각과 말과 행동이 저절로 바르게 된다는 것을 깊이 체득하셨기 때문입니다.

이제 이 이야기 속에 간직된 의미를 생각하면서 반대의 경우를 이야기해 봅시다.

우리가 마음 땅에 좋은 씨를 심는다면 어떻게 되겠습니까? 틀림없이 좋은 결실을 거둘 수 있습니다. 나의 마음 땅에 깨달음의 원願, 자비의 원·평화의 원·복된 원의 씨를 심으면 언젠가는 그 원을 성취하여 좋은 과보를 받고, 깨달음을 이루고, 행복을 누릴 수 있습니다. 좋은 원을 심고 그 원에 합당한 노력을 하면 반드시 좋은 결실을 거둘 수가 있는 것입니다.

마음 땅에 심는 씨에 따라 전개되는 나의 인연과 삶들…. 과연 우리는 업을 받고 있는 '지금 이 자리'에서 어떻게 하여야 향상의 길로 나아갈 수 있는 것일까?

이에 대한 해답 또한 지금 이 자리에서의 마음가짐입니다.

우리는 '바로 지금 이 자리'에서 과거의 맺힌 업을 받는 것과 동시에 새로운 업을 짓게 됩니다. 따라서 바로 이 순간에 맺힌 업을 풀고 푼 업을 더욱 원만하게 가꾸어 갈 수도 있고, 새로운 악업을 맺어 더 나쁜 상태로 자신을 몰아 갈 수도 있습니다.

맺을 것인가? 풀 것인가? 이것은 오직 지금 이 자리에서 내가 어떻게 하느냐에 달려 있습니다. 마음씨! '나'의 마음씨가 어떠하냐에 달려 있습니다.

마음을 넓게 열고 큰사랑의 씨를 심으십시오. 긍정적이고도 낙관적인 마음가짐으로 늘 감사하고 사랑하면서, 평화롭고 행복한 '나'요 가족이요 이웃이요 이 세상임을 생각하십시오.

그리고 가족 및 주위의 분들께 "참 잘했다, 좋다, 예쁘다, 사랑스럽다"는 등의 칭찬과 찬탄을 아끼지 말고, "힘내라, 잘 될 수 있다"는 등의 말을 통하여 편안한 마음〔安心〕을 선사해주게 되면 새로운 인연의 씨가 싹터 지금 이 자리가 차츰 극락으로 바뀌어 갑니다.

반대로 눈앞의 이익만을 생각하고 모든 것을 상대적인 감정과 자존심으로 해결하려 하면 매듭만 더욱 늘어갈 뿐입니다.

문제가 생기면 이기적인 '나'를 비우고 무조건 참회해 보십시오. 진심으로 참회하고 지금 이 자리의 인연을 잘 가꾸겠다는 마음씨를 가질 때 모든 장애들이 풀어집니다.

  참되고 복되고 자유롭고 향상된 삶! 그것은 진정으로 참회하고 좋은 인연을 만들고자 하는 지금 이 자리의 마음가짐이 결정한다는 이 소중한 법칙을 잊지 마시기 바랍니다.

  부처님께서 간곡하게 설하신 인연법은, 맺힌 것을 풀고 푼 것을 더욱 원만하게 가꾸어 행복과 평화와 해탈을 안겨주는 영원한 진리입니다.

  부디 이 좋은 인연법을 잘 믿고 이해하고 실천하시어 원만하고 진실되고 행복 가득한 삶을 성취하시기를 두 손 모아 축원드립니다.

좋은 인연 가꾸기

기꺼이 받고자 할 때

인연법은 희망의 법칙

기꺼이 받고자 할 때

어차피 받을 것이라면

업보중생業報衆生인 우리는 내가 지은 업의 힘인 업력業力의 굴레 속에서 살아갑니다. 내가 과거와 현재에 지은 좋고 나쁜 업의 힘이 행복과 불행, 기쁨과 고난의 삶을 전개시키는 원동력으로 작용을 하는 것입니다.

물론 좋고 행복하고 즐겁고 기쁠 때는 하등 고민할 까닭이 없습니다. 문제는 불행하고 나쁘고 슬프고 힘이 들 때입니다. 바로 이러한 때에 어떻게 하여야 불행을 행복으로 돌려놓을 수 있는 것인가?

불교에서는 불행하고 고달픈 일이 닥쳐올 때, '내

가 지은 바이니 기꺼이 받겠다'는 자세로 살 것을 가르칩니다. 내가 지은 바를 기꺼이 받겠다고 할 때, 그 업을 녹일 수 있는 힘이 안에서 샘솟아 불행을 능히 극복하게 한다고 가르칩니다.

반대로 '나는 왜 이렇게 살아야 하는가? 싫다, 싫어.' 하면서 현실의 괴로움과 어려움을 피하려 하거나 짜증을 부리게 되면 더 깊은 업의 결박 속으로 빠져들게 됩니다. 곧 다가선 업의 과보를 피하려 하고 받지 않으려 하면 더 큰 불행과 괴로움이 다가서게 되는 것입니다.

'어차피 받을 것! 기꺼이 받겠다'는 자세로 삶에 임하면 미래가 차츰 밝아지지만, 내 마음에 들지 않는다 하여 '싫어! 저리가!'라는 자세로 살아가면 미래가 참으로 암담해집니다. 이에 대해 인연법에 준하여 조금 더 자세히 이야기 하겠습니다.

씨앗[因]을 뿌리지 않으면 열매[果]는 거둘 수 없는 법입니다. 그렇다면 지금 내가 거두어 들이고 있는 열매[果]는 무엇입니까? 내가 뿌려 놓은 씨앗의 결과입니다. 그렇다면 어떻게 해야 합니까? 그대로 받아들여야 합니다.

거울이 온갖 사물을 다 받아들이듯이, 지금 나에게 오는 인연은 있는 그대로 받아들여야 합니다. 좋은 인연이든 그릇된 인연이든 다 받아들여야 합니다.

행복이 오면 행복을 받아들이고, 불행이 오면 불행을 받아들여야 합니다. 행복은 좋은 것이니까 받아들이고, 불행은 좋지 않은 것이므로 거절해서는 안 됩니다. '돈은 좋은 것이므로 받아들이고, 똥은 역겨운 것이므로 받아들이지 않겠다'고 해서는 안 됩니다.

씨앗을 뿌리지 않았으면 열매도 없듯이, 내가 원인을 만들지 않았으면 과보는 오라고 하여도 나에게 오지 않습니다. 반대로 내가 그러한 씨앗을 뿌렸기 때문에 지금의 과보가 온 것이므로 피하려 해도 어쩔 수가 없는 것입니다.

따라서 지금 받아야 할 것은 기꺼이 받아들여야 합니다. 거울이 마주한 사물을 받아들이듯이 그대로 받아들여야 합니다.

기꺼이 받아들이면 업이 저절로 녹아내릴 수 있는데, 나의 자존심과 행복만을 고집하면 더욱 굳은 업을 짓게 되고 맙니다. 이렇게 사는 동안은 행복과 평화는 나의 것이 될 수가 없습니다. 끝없는 윤회 속에서 한없는 괴로움을 짊어지고 살 수밖에 없는 것입니다.

하지만 '나'의 업을 긍정하고 기꺼이 받아들이면 능히 업장의 결박에서 벗어날 뿐 아니라 행복의 문이 새롭게 열립니다. 기꺼이 받는 삶!

❀

옛날 한순간에 집안이 몰락하여 거지가 된 이가 있었습니다. 보통 거지는 문전걸식하며 하루의 끼니를 얻게 마련인데, 이 거지는 어떻게나 복이 없었던지 동냥을 다니면 밥을 얻기는 커녕 몽둥이 찜질을 당하거나 개에게 물리기 일쑤였습니다.

하는 수 없이 그는 주린 배를 달래기 위해 남의 집 쓰레기더미를 뒤져 먹을 것을 찾았습니다. 그 음식들은 더럽기 짝이 없었고 상한 것이 대부분이었지만 살기 위해서는 하는 수 없었습니다.

그렇게 기막히고 비참하게 살아가던 어느 날, '차라리 죽는 것이 낫겠다'고 생각한 그는 마을 뒷산으로 갔습니다. 밧줄로 올가미를 만들어 나뭇가지에 묶고 목을 매려는 순간, 갑자기 허공에서 호통치는 소리가 들려 왔습니다.

"쓰레기 열 포대 먹을 업을 지은 놈이 어찌 세 포대 밖에 먹지 않고 죽으려 하느냐!"

아직 일곱 포대의 쓰레기를 더 먹어야 하니 죽을 수도 없다는 것이었습니다. 환청과도 같은 허공의 소리에 거지는 문득 깨달음을 얻었습니다.

"그렇다! 어차피 열 포대를 먹어야 할 운명이라면 싫다 말고 빨리 찾아 먹자."

그날부터 거지는 조금도 운명을 탓하지 않고 열심히 남의 집 쓰레기통을 뒤져 먹을 것을 찾았습니다. 그런데 한 포대 분을 채 찾아 먹기도 전에 거지는 우연히 만난 귀인의 도움을 받아 전처럼 잘 살게 되었습니다.

기막히게 비참했던 자기의 팔자를 비관하여 목숨까지 포기하고자 했던 거지는 '기꺼이 받겠다'는 자세로 살기 시작하여, 한 포대의 쓰레기를 찾아 먹기도 전에 나머지 일곱 포대의 업을 녹여 버린 것입니다.

나의 다른 책에서 이미 여러 차례 인용했던 이 이야기에서처럼, 현재 내가 처한 현실이 힘들고 괴롭더라도 '기꺼이 받겠다'는 마음가짐으로 참고 나아가면 나쁜 업이 더 빨리 소멸됩니다. 그야말로 '기꺼이 받겠다'는 자세가 '나'의 몸가짐과 말과 생각을 바꾸어 놓고 업장을 녹이는 것입니다.

삶이나 일이나 업만이 아닙니다. 사람도 마찬가지입니다. 껄끄러운 시어머니와 며느리, 사이가 좋지 않은 남편과 아내, 참으로 잘 통하지 않는 자식과 부모로 있을 때에도, '밉다·싫다·헤어지자·벗어나자'는 생각을 돌려, '지금의 이 인연을 받아들이고 기꺼이 받겠다'고 작정하면, 서로의 관계가 예상 외로 빨리 좋아집니다.

고난 없기를 바라지 말자

그러므로 무엇보다 먼저 고난이 '나'에게만 찾아오는 것이 아니라는 것을 알고, 찾아온 고난을 긍정해야 합니다. 그리고 이제까지의 '고난 없기를' 바랐던 마음부터 바꾸어야 합니다. "세상살이에 고난 없기를 바라지 말라." 이것이 바로 고난 극복의 첫걸음입니다.

주위를 둘러보십시오. 이 세상을 둘러보십시오. 고난 없이 사는 이가 어디에 있습니까? 마음대로 하고 사는 이가 어디에 있습니까? 우리가 남에게 관심 없고, 남이 나에게 자신의 고난을 말하지 않아 모를 뿐, 고난 없이 사는 이는 아무도 없습니다.

우리가 그토록 존경하는 부처님께도 고난은 있었습니다. '9뇌九惱'라 하여 아홉 번이나 있었습니다. 다만 부처님과 우리의 다른 점은 다가온 고난을 기꺼이 받아들이고 그 고난 속에서도 평화로움을 잃지 않았다는 것입니다.

한 예를 들겠습니다.

부처님께서 비란다국毘蘭多國 성문 밖의 연목수練木樹 밑에 머물고 계실 때의 일입니다.

이 나라의 왕 비란야毘蘭若는 5백 명의 비구를 거느리고 계시는 부처님의 모습을 보고 크나큰 존경심을 일으켰습니다. 그는 부처님 전에 나아가 설법을 들은 다음 청을 올렸습니다.

"부처님이시여, 3개월의 안거安居 기간 동안 부처님과 모든 스님들이 먹고 사용할 음식·탕약·의복·침구 등의 모든 것을 제가 공양할 수 있도록 해 주십시오."

부처님께서 이 청을 받아들이자, 왕은 매우 기뻐하며 궁으로 돌아와 대신들에게 여름 3개월 동안 매일 열여덟 가지 음식을 장만하여 부처님과 스님들께 공양토록 할 것을 명하였습니다. 그리고 백성들에게도 포고령을 내렸습니다.

"어느 누구일지라도 이 여름 3개월 동안은 부처님과 스님들께 공양 올리는 것을 금한다. 이를 어기는 자는 목을 벨 것이다."

그날 밤, 왕은 하얀 차일에 궁성이 뒤덮히는 꿈을 꾸고 깜짝 놀라 평소 존경하던 예언가를 불러 해몽을 부탁했습니다.

'이 꿈은 좋은 징조이다. 그러나 좋다고 해몽하면 왕은 부처님을 더욱 후하게 공양할 것이다. 나쁜 꿈이라고 풀이하자.'

평소 부처님에 대해 강한 질투심을 느끼고 있었던 예언가는 거짓 꿈풀이를 했습니다.

"왕이시여, 이 꿈은 왕위를 잃든가 반란이 일어날 것을 알리는 꿈입니다."

왕은 매우 놀라 물었습니다.

"왕위도 목숨도 버리지 않을 좋은 방법은 없는가?"

"이 여름 3개월 동안 아무도 만나지 마시고 궁궐 깊이 숨어 계시면 재난을 면할 수 있을 것이옵니다."

왕은 즉시 전국에 포고령을 내렸습니다.

"이 여름 3개월 동안은 그 어떠한 사람일지라도 나를 보는 것을 금한다. 만일 이것을 범하는 자는 목숨을 잃을 것이다."

왕은 생명에 대한 애착 때문에 부처님과 한 약속을 까마득히 잊은 채, 포고령을 내린 뒤 궁중 깊이 숨어버렸습니다.

그 이튿날 아침, 부처님과 5백 명의 비구는 공양을 받기 위해 궁중으로 갔습니다. 그러나 왕궁의 문은 굳게 닫혀 있었고, 수문장은 출입을 봉쇄하며 말했습니다.

"국왕께서는 앞으로 3개월 동안 그 누구라도 만나지 않겠다고 하셨고, 만일 만나고자 하는 이가 있으면 목을 베겠다는 포고령을 내렸습니다. 절대로 들어갈 수 없습니다."

어쩔 수 없음을 안 부처님과 5백 명의 비구는 마을 사람들을 찾아다니며 공양을 청했습니다. 그러나 그들은 한 목소리로 거절했습니다.

"우리들 그 누구도 앞으로 3개월 동안은 공양을 바칠 수가 없습니다. 저희들은 공양을 올리고 싶지만, 국왕이 포고령을 내려 부처님과 스님들께 공양을 바치는 것을 금지하였기 때문입니다. 만일 이 금지령을 어기는 자가 있다면 목숨을 잃을 것입니다."

어디를 가나 사람들은 이렇게 말하며 거절하였습니다. 이 무렵 한 상인이 5백 마리의 말을 끌고 북방에서 이 나라로 왔고, 부처님의 시봉인 아난다 존자는 그를 찾아가 자초지종을 밝힌 다음 간곡히 부탁했습니다.

'나는 이 나라 사람이 아니다. 왕의 포고령이 나에게는 미치지 않으리라.'

이렇게 생각한 상인은 말했습니다.

"아난다 존자시여, 저에게는 달리 양식이 없습니다. 오직 말들의 먹이인 말먹이 보리〔馬麥〕밖에 없습니다. 만일 이 보리라도 좋으시다면 부처님께는 하루 두 되, 스님들께는 한 되씩의 말먹이 보리를 공양하고 싶습니다. 괜찮겠습니까?"

아난다는 부처님께로 돌아와 이 일을 아뢰었고, 부처님께서는 담담히 말씀하셨습니다.

"말먹이를 먹지 않으면 안 되는 것이 나의 업보요 5백 비구의 업보이다. 나는 기꺼이 그의 공양을 받겠다. 아난다야, 너는 주(籌, 사람 수를 세는 소찰)를 가지고 비구들에게 가서 이렇게 말하여라. '3개월 동안, 말먹이 보리를 먹고서라도 부처님과 함께 머물러 안거하겠다고 생각하는 사람은 이 주를 가지라' 고."

아난다가 비구들에게 이 말씀을 전하자 498명의 비구들은 주를 뽑아, 말먹이 보리를 먹더라도 부처님과 함께 안거하겠다는 뜻을 밝혔습니다. 그러나 가장 큰 제자인 사리불과 목건련 두 비구는 주를 뽑지 않았습니다. 사리불은 부처님께 아뢰었습니다.

"부처님이시여, 저는 지금 이질병으로 고통을 받고 있습니다. 3개월 동안 찬 성질의 말먹이 보리를 먹는다면 병이 더욱 깊어질 것입니다."

목건련도 뒤따라 말했습니다.

"부처님, 저는 사리불을 간호해야 하므로 그와 함께 이곳을 떠나겠습니다."

이리하여 부처님과 498명의 비구는 비란다국 성문 밖의 연목수 아래에서 상인이 주는 말먹이 보리를 먹으며 안거하였고, 사리불과 목건련 장로는 삼봉산으로 가서 천인天人들의 공양을 받으며 여름 3개월을 지내게 되었습니다.

부처님과 비구들은 말먹이 보리로 밀개떡을 만들어 먹었고, 아난다는 밀개떡을 드시는 부처님을 뵈

올 때마다 매우 비통해 했습니다. 그러나 부처님께서는 지극히 담담한 모습으로 밀개떡을 드셨으며, 어느 날 아난다 존자가 너무나 비통해하자 말씀하셨습니다.

"아난다야, 슬퍼하지 말아라. 이 거친 밀개떡도 여래의 입에 들어가면 감로甘露의 맛으로 바뀌느니라."

그리고는 씹고 있던 밀개떡을 조금 뱉어 아난에게 맛보도록 일렀습니다. 과연 그 떡은 이제까지 먹어 본 적이 없는 최상의 맛이었습니다. 입에 들어가자마자 사르르 녹으면서 심신을 평안하게 만들어 주었습니다.

마침내 3개월의 안거가 끝난 날, 부처님께서는 비구들에게 말했습니다.

"이 모두가 옛날 비바시불을 비방한 과보에서 생긴 것이다. 당시 5백 명의 동자를 가르쳤던 나는 존경받는 비바시불을 질투하여 비바시불을 따르는 비구들에게 '말먹이 보리나 먹으면 제격'이라 하였고, 제자들도 이에 동조하였느니라. 그러나 그 중 두 명의 영리한 동자는 오히려 바라문을 나무랐느니라.

'스승님, 그런 욕을 하시면 안 됩니다. 귀하신 이 분들은 오히려 천인의 공양을 받기에도 부족함이 없습니다.'"

그리고 부처님께서는 결론을 맺었습니다.

"비구들아, 그때의 바라문은 나의 전신이요 5백의 어린 제자는 지금의 그대들이며, 두 명의 영리한 동자는 사리불과 목건련이니라. 이 악담의 과보로 나와 너희 498명의 비구는 이 여름 3개월 동안 말먹이 보리를 먹어야만 했고, 사리불과 목건련은 그 악담을 꾸짖은 선한 인연으로 삼봉산에서 천인들의 공양을 받은 것이다.

내가 항상 말하였듯이 악업에는 언제나 나쁜 과보가 따르고, 선업에는 언제나 좋은 과보가 따르기 마련이다. 어찌 누구를 탓할 것이며 누구를 원망하랴. 너희들은 인과의 도리를 깊이 명심하여 더욱 수행에 힘써야 하느니라."

8

이렇듯 가장 완벽하신 부처님께서도 여름 석 달 동안 말먹이 보리를 먹는 고난을 겪었습니다. 복덕을 원만히 갖추신 부처님이셨기에 사리불이나 목건련 존자처럼 천인들의 공양을 능히 받을 수도 있었지만 그렇게 하지 않았습니다.

오히려 삼세의 인과를 꿰뚫어보고 계셨던 부처님께서는 '당연히 찾아올 고난이 왔기에 당연하게 받아들인다'는 자세로 임하셨고, 말먹이 보리로 만든 밀개떡을 너무나 담담하고 평온하게 드셨던 것입니다.

꼭 명심하십시오. 고난 극복의 핵심은 찾아온 고난을 어떻게 대처하느냐에 달려 있습니다. 비록 우리가 부처님처럼 전생에 심은 고난의 원인은 모를지라도, 고난이 찾아들면 고난을 긍정하는 자세는 갖추어야 합니다. 원망도 하지 말고 남의 탓도 하지 말고, 업을 녹이는 자세로 정성껏 임해야 합니다.

'부처님께도 찾아들고 부처님께서도 기꺼이 받으신 고난이거늘, 허물이 가득한 내가 어찌 피하려고만 하리. 바로 지금 이 자리가 과거의 업을 녹이는 순간이다. 기꺼이 받아 지난 날의 업을 녹이고, 잘못을 참회하며 행복의 씨를 심자.'

이렇게 긍정적인 자세로 임할 때 고난은 스스로 고개를 숙이고, 고난은 나를 비켜갑니다. 말먹이 밀로 만든 밀개떡이 부처님의 입에 들어가서는 감로미甘露味로 바뀌어, 그 3개월의 고난이 부처님을 조금도 힘들게하지 못하였듯이….

받아들이면 업이 녹고 비게 된다

　결코 받아들이는 것을 두려워하지 마십시오. 받아들이면 업이 녹게 되고, 받아들이고 나면 그 업이 비게 되고 공空이 됩니다.
　반대로 내가 원하지 않고 나에게 맞지 않다고 하여 받아들이지 않게 되면, 더 복잡하고 더 어려운 나의 업을 만들어 계속 힘든 상황 속으로 빠져들 수밖에 없는 것입니다.
　결코 잊지 마십시오. 내가 행복하거나 불행한 '지금 이 자리'는 과果의 자리입니다. 곧 과보를 받고 있는 지금 이 자리요, 과보를 받고 있기 때문에 괴롭기도 하고 즐겁기도 한 것입니다.
　하지만 지금이 과보의 자리만은 아닙니다. 과보를 받음과 동시에 새로운 인因을 심는 자리입니다. 새로운 씨를 심는 자리입니다. 따라서, 과보를 받고 있는 지금 이 자리에서 어떠한 씨를 심느냐에 따라 미래에 거둘 결실이 달라집니다.
　지금 콩을 심으면 많은 콩을 수확하게 되고, 지금 팥을 심으면 많은 팥을 거두게 됩니다. 지금 불행한 과보를 받고 있을지라도 '그래, 기꺼이 받자. 지금이 나를 바꿀 기회다. 기꺼이 받으며 행복의 씨를 심자'는 자세로 임하면 틀림없이 행복한 미래가 열리게 되는 것입니다.

또, 과果를 받으면서 새로운 인因을 심는 지금 이 자리는 동시에 연緣의 자리가 되기도 합니다. 이미 심어놓은 과거의 여러 인因들이 발아를 하고 성장하는 데 영향을 미치는 환경緣이 되기도 하고, 앞으로 지을 업이나 앞으로 받게 될 과보들의 강도를 조절하는 연緣이 되기도 합니다.

곧 과거에 마음의 먹구름을 일으켜 아주 나쁜 인을 심고 업을 지었을지라도, 지금 바른 마음으로 바르게 실천하며 살고 있으면 과거의 업이 비바람이 되어 해를 끼치지를 못합니다. 오히려 맑고 바른 지금의 삶 때문에 마음의 하늘이 맑아져 과거에 형성된 먹구름을 한쪽으로 밀쳐놓기 때문에, 당장 비바람을 뿌릴 수도 나를 해칠 수도 없는 것입니다.

뿐만 아니라 먹구름과 비바람이 사라지면 맑은 하늘에 본래부터 있는 밝은 태양의 빛을 받아 나의 무대가 음지에서 양지로 바뀌고, 그 양지로 좋은 인연들이 모여들어 삶이 더욱 윤택해집니다. 그것도 단순히 어느 한 부분만 바뀌는 것이 아니라, 씨줄·날줄로 연결된 모든 환경이 바뀝니다. 곧 지금 이 자리에서 내가 어떻게 하느냐에 따라 모든 연緣이 능히 바뀌는 것입니다.

실로 인연법으로 볼 때 영원한 것은 없습니다. 들어온 것은 나가게 되어 있고, 비워지면 채워지게 되어 있습니다. 그런데도 사람들은 한쪽만을 고집합니다.

머리가 가는 곳에 발이 가고 발이 가는 곳에 머리가 가는 것이건만, 머리만 생각하고 발은 잊고 사는 듯 합니다. 많은 돈, 높은 자리, 큰 명예 등 머리만을 좋아합니다. 불평 없이 묵묵히 나아가는 발이 되고자 하는 이가 드뭅니다.

그 결과로 오는 삶이 무엇입니까? 치열한 경쟁과 고달픈 현실입니다. 왜? 왜 그렇게 힘들게 살아갑니까? 내가 '나'에게 속아 살기 때문입니다.

이제부터 인연의 법칙 속에 나를 맡기고 지혜롭게 살아보십시오. 맞지 않은 인연이 찾아오면 참회를 하고 기꺼이 받아들이면서, 모든 업의 인因인 '나'

의 마음을 풀어야 합니다. '나'의 마음이 얽힐 때 전체가 얽히고, '나'의 마음이 풀릴 때 전체가 풀어집니다.

잊지 마십시오, 업장만 녹아내리면 행복은 우리 것이 됩니다. 욕심을 비우고 기꺼이 받으십시오. 기꺼이 받고자 할 때 모든 업이 풀립니다. 매사에 한 생각 바르게 가져 맺힌 것을 풀고, 푼 것을 더욱 좋은 인연으로 가꾸어야 합니다.

참된 삶, 복된 삶, 평화롭고 자유로운 삶! 그것은 기꺼이 받고자 하는 마음가짐이 결정한다는 사실을 잊지 말아야 합니다. 이렇게 인과를 믿어 내가 지은 업을 적극적으로 수용하고 나와 남을 함께 살리며 살고자 할 때, 맺힌 인연의 매듭은 저절로 풀어지고 행복과 자유와 평화가 충만된 삶이 찾아듭니다.

나와 남을 함께 살리며 살자.

행복의 결실을 거두어들이는 비결은 기꺼이 받아들이고 살리며 살아가는 것입니다. 살리며 사는 것!

우리 불교에서는 보살의 삶을 자리이타행自利利他行으로 설명합니다. 나도 이롭고 다른 이도 이롭게 하는 행위라는 뜻입니다. 이때의 '이롭게 한다'는 말은 곧 '살린다'는 뜻을 지니고 있습니다.

"나도 살리고 남도 살린다. 나도 향상의 길로 나아가고 다른 이도 향상의 길로 나아가게끔 한다."는 것입니다. 이렇게 이야기하면 매우 거창하게 들릴지 모르지만, 바로 이것이 '좋은 인연 만들기'입니다.

그럼 누가 이렇게 살 수 있는가? 자기 이익만을 추구하며 사는 사람이 아니라면 누구라도 능히 살리며 살아갈 수가 있습니다. 특히 선한 마음으로 남을 생각하는 사람은 능히 살리는 생활을 할 수 있고, 남을 살리고자 하는 그 생각이 크나큰 공덕이 되어 한없는 복을 불러들이게 됩니다.

❁

중국 당나라 때 배휴裵休라는 유명한 정승이 있었는데, 어릴 때의 이름은 배도裵度였습니다.

어려서 부모를 여의고 외삼촌에게 몸을 의탁하고 있던 어느 날, 유명한 밀교 승려인 일행선사一行禪師가 집으로 찾아왔습니다. 배도를 유심히 바라보던 스님은 외삼촌과 방으로 들어가 이야기를 나누었습니다.

"저 아이는 누구입니까?"

"저의 생질인데, 부모가 일찍 죽어 제가 키우고 있습니다."

"저 아이를 내보내시오."

"왜요?"

"아이의 관상을 보아하니 앞은 거지상이요 뒤는 거적대기상입니다. 워낙 복이 없어 거지가 되지 않을 수 없고, 저 아이가 얻어먹는 신세가 되려면 이 집부터 망해야 하니, 애당초 그렇게 되기 전에 내보내십시오."

"부모가 없는 아이를 어떻게 내보냅니까?"

"사람은 자기의 복대로 살아야 하는 법! 마침내 이 집이 망한다면 저 아이의 업은 더욱 깊어질 것이오."

방문 밖에서 외삼촌과 일행선사의 대화를 엿들은 배도는 선사가 돌아간 뒤 외삼촌께 말했습니다.

"외삼촌, 이 집을 떠나렵니다. 허락해 주십시오."

"가다니? 도대체 어디로 가겠다는 것이냐?"

"외삼촌께서 일행선사님과 나누는 말씀을 들었습니다. 제가 빌어먹을 팔자라면 일찍 빌어먹을 일이지, 외삼촌 집안까지 망하게 할 수는 없는 일 아닙니까? 떠나겠습니다. 허락하여 주십시오."

외삼촌의 만류를 뿌리치고 집을 뛰쳐나온 배도는 그날부터 그야말로 거지가 되었습니다. 이집저집 찾아다니며 구걸을 하고 다녔지만, 무엇인가 좋은 일을 하고 싶어 틈이 나면 숯을 구워서 가난한 사람들에게 나누어 주었습니다.

그렇게 구걸하며 살아가던 어느 날, 배도는 세속 사람을 위해 개방을 하고 있는 사찰의 목욕탕으로 목욕을 하러 갔습니다. 그런데 그 목욕탕에 진귀한 옥으로 만든 요대腰帶가 떨어져 있었습니다. 깜짝 놀란 배도는 생각했습니다.

'이 좋은 보물을 잃은 자가 얼마나 근심하고 있을까? 주인이 올 때까지 기다렸다가 돌려주어야지.'

과연 한 식경이 지나자 나이가 지긋한 부인이 허둥지둥 달려와서 무엇인가를 찾는 것이었습니다. 배도가 그 요대를 건네주자 부인은 거듭거듭 감사하며 요대에 얽힌 사연을 일러주었습니다.

"이 요대는 촉나라의 왕비가 허리에 둘렀던 것이란다. 그런데 삼대독자인 나의 아들이 이 지방의 자사刺使에게 죽을 죄를 지었기에, 내가 전 재산을 팔아 이 요대를 마련한 것이다. 자사가 이 요대를 구해 오면 아들의 목숨을 살려 주겠다고 하였기에…. 네가 아니었다면 삼대독자인 아들을 영영 보지 못할 뻔하였구나."

그 뒤 배도는 걸식을 하다가 잠깐 외삼촌의 집에 들르게 되었고, 때마침 일행선사도 오셨는데 배도를 보더니 깜짝 놀라는 것이었습니다.

"애야, 너 정승이 되겠구나!"

"스님, 언제는 저더러 빌어먹겠다고 하시더니, 오늘은 어찌 정승이 되겠다고 하십니까? 거짓말 마시오."

"전날에는 너의 얼굴에 거지 팔자가 가득 붙었더니, 오늘은 정승의 심상心相이 보이는구나. 그동안 무슨 일을 하였느냐?"

배도가 숯을 구워 사람들에게 나누어 준 것과 사찰의 목욕탕에서 진귀한 요대를 찾아 준 일을 자세히 말씀드리자, 일행선사는 무릎을 치며 기뻐했습니다.

"그러면 그렇지! 너의 마음가짐이 거지 팔자를 정승 팔자로 바꾸어 놓았구나."

그 뒤 참으로 배도는 '배휴'라는 이름의 대정승이 되었을 뿐 아니라, 세속인으로서 황벽선사로부터 오도悟道를 인가받은 대도인이 되었습니다.

⁂

이렇듯 남을 위하는 착한 마음가짐은 사람의 운명을 바꾸어 놓습니다.

앞으로 보아도 거지상이요 뒤로 보아도 거지상이었던 배도는 남을 헤아릴 줄 아는 마음 하나로 큰 행복을 누릴 수 있는 사람이 되었습니다. 가만히 배도의 선행을 돌이켜 보십시오. 그것은 아주 특별한 것이 아니었습니다.

  외삼촌의 집안 모두 거지가 된다는 사실이 안타까웠기에 집을 뛰쳐나가 거지 팔자로 살았고, 남의 음식을 빌어먹으며 사는 거지였지만 남에게 조금이나마 보탬이 되고 싶어 숯을 구워서 나누어 주었습니다. 그리고 '귀중한 보물을 잃은 주인이 얼마나 근심할까' 생각하며 요대를 간직하고 있다가 돌려주었습니다.

  곧 착한 마음으로 좋은 인연 가꾸기를 한 것인데, 그랬더니 거지의 관상이 정승의 심상心相으로 바뀐 것입니다.

  우리 또한 살아가면서 얼마든지 배도와 같은 경우에 부딪힐 수 있습니다. 바로 이때, '나의 이익과 행복을 앞에 둘 것이냐 상대의 이익과 행복을 앞에 둘 것이냐'를 생각하며 갈등을 하는 경우가 많습니다.

  그런데 생각은 상대의 입장에 서서 상대를 살리고자 하면서도, 나에게 다가올 현실적인 고통과 눈앞의 이익 때문에 감히 실천을 하지 못하는 경우가 많습니다. 어쩌면 이것이 사바세계를 사는 인간의 이기적 본능인지도 모릅니다.

그러나 나의 양심이 분명 상대의 불행을 용납하지 않거나, 어떻게 할까 망설여지는 경우라면 상대를 살리는 쪽으로 마음을 돌려야 합니다. 밝은 쪽으로 바른 쪽으로 마음을 써야 합니다.

상대를 살리는 쪽으로 마음을 돌리면 언뜻 내가 손해를 보는 듯한 느낌에 빠져들 수도 있습니다. 하지만 상대를 돌아보고 상대를 살리며 '나'의 이기심을 버리는 그때, 써도 써도 다 쓸 수 없고 아무리 베풀어도 줄어들지 않는 크나큰 복덕福德은 나의 것이 됩니다. 상대를 살리는 것! 그것 이상 큰 복덕이 되는 것은 없기 때문입니다.

정녕 우리 불자들은 자꾸자꾸 좋은 인연을 만들며 살아야 합니다. 살리는 일을 하며 살아야 합니다. 가정과 환경이 '나'를 위해 존재하도록 요구할 것이 아니라, 가정과 주위를 살리는 '나'가 되도록 노력해야 합니다. 이것이 좋은 인연 가꾸기입니다. 이제 다시금 원을 발하여 보십시오.

"가족 모두가 잘 되고 집안이 잘 된 다음 저의 복을 받겠습니다."

"제가 받을 복을 주변 사람들에게 돌려주십시오."

"일체 중생을 행복하게 해주십시오."

"제가 지은 모든 공덕, 법계에 회향합니다."

 이렇게 '좋은 복은 가족과 주위 사람들과 일체 중생과 법계에 돌리고, 고통은 내가 짊어지겠다'는 원을 세우며 살 수 있는 사람이야말로 참된 부처님의 제자요 보살입니다. 물론 이러한 원을 세우라고 하면 두려움부터 먼저 느끼는 사람들도 있습니다.

"이렇게 원을 세우고 살면 나만 불행해지고 힘들어지는 것이 아닐까?"

 그러나 조금도 걱정할 것이 없습니다. 오히려 그 반대입니다. 기꺼이 거지의 길을 걸은 배도의 경우처럼, 이러한 원을 마음에 품고 살면 가족은 물론이요 나에게도 흠뻑 복이 찾아들게 됩니다. 왜냐하면 다가오는 행복을 차단하여 나를 불행 속으로 밀어 넣었던 집착과 이기심들이 이러한 원 속에서 그만큼 빨리 무너져 내리기 때문입니다.

　이제 넉넉한 마음으로 주변의 인연들에게 베풀겠다는 원을 품고 살아갑시다. 남을 살리겠다는 원을 키우며 살아갑시다.

　지금 사랑 속에 있으면 서로를 살리는 사랑을 더욱 키워 가고, 행복 속에 있으면 함께 행복을 나누고, 슬픔과 불행 속에 있으면 대비원大悲願을 일으켜 나와 남을 함께 살려가도록 합시다.

　꼭 기억하십시오. 인연을 잘 가꾸어 가정과 이웃을 살리고 뭇 생명 있는 이들을 살리는 삶을 살게 될 때, 대우주에 가득 차 있는 행복과 평화의 기운이 나의 것이 된다는 것을….

　실로 인연법의 핵심은 '인·연·업·과가 동시에 전개되는 지금 이 자리에서 내가 어떻게 사느냐' 하는 것입니다. 어떻게 사느냐에 따라 나의 행복과 불행의 삶이 갈라지기 때문입니다.

　따라서 어떻게 하든 지금 이 자리에서 잘 살아야 합니다. 인연법의 원리를 새기며 마음을 모으고 정성을 모아 참된 삶, 향상된 삶을 이끌어 내어야 합니다.

거듭 강조하건대, 참으로 나를 사랑하고 나의 행복을 원하는 이라면 '보이지 않는 업'이라며 이 순간을 함부로 하지 말고, '기꺼이 받겠다'는 마음가짐으로 행복의 터전을 마련함과 동시에, 보다 적극적으로 인연을 가꾸며 뭇 생명을 살리는 길로 들어서야 합니다. 이렇게만 하면 틀림없이 인생이 달라지고 행복해질 수 있습니다.

부디 이를 잘 새겨 큰 사람이 되고 큰 행복과 큰 평화를 만끽하시기를 축원드립니다.

인연법은 희망의 법칙

행복을 보장하는 인연법

'내가 선을 베풀면 선으로 받고 악을 내뿜으면 악으로 받는다'는 것이 인연과 인과의 이치입니다. 많고 많은 이 세상 모든 일들 또한 하나같이 인연에 의한 것이요 인과로써 나타난 것입니다. '콩 심은 데 콩 나고 팥 심은 데 팥 난다'는 이 단순한 진리가 세상사의 이치요, 이것이 또한 불법佛法이라는 것을 우리 불자들은 분명히 알아야 합니다.

이 세상사의 법이 인연이요 인과이기에 그냥 방치하고 놓아두면 안 됩니다. 콩을 심은 것으로, 팥을 심은 것으로 끝마쳐서는 안 됩니다. 심은 다음에는 잘 가꾸고 잘 길러 나가야 합니다.

　무엇에 의지하여 잘 가꾸고 잘 길러나가야 하는가? 바로 복덕이 가득한 불법에 의지하여야 합니다. 부처님의 근본 가르침을 비롯하여, 참선·염불·기도·독경·사경 등의 부처님 법에 의지하여 잘 다스려 나가야 합니다. 부처님의 법에 의해 잘 다스려 나가면 모든 인연법과 인과법이 희망의 법칙이 되고 행복을 보장하는 진리가 됩니다.

　잊지 마십시오. 인·연·업·과의 인연법은 희망의 법칙입니다. 절대로 우리를 겁주고 그릇되게 이끄는 법이 아닙니다. 지금 이 자리의 인연법은 행복을 보장하는 진리입니다. 그러므로 인연법의 원리를 잘 깨달아 행복의 세계, 해탈의 세계를 열어야 합니다. 그렇게 하는 것이 부처님께서 인연법을 설하신 은혜에 보답하는 길이요, 부처님의 아들딸인 불자의 도리를 다하는 길입니다.

　그런데 부처님의 무한자비가 담긴 인연법에 대해, 많은 불자들이 '심은 대로 거둔다'는 관점에만 빠져 있음을 종종 느낄 때가 있습니다. 물론 이것이 잘못된 것은 아닙니다. 하지만 '심은 대로 거둔다'

는 너무나 당연한 이 진리에 대해 좋지 않게 살아온 사람들은 의외로 두려움을 느끼고 실망을 합니다.

'아, 나는 구제불능의 존재인가? 지난날을 그릇되게 살았으니 미래의 과보가 어찌 좋겠는가? 나는 행복과는 거리가 멀다. 그냥 해오던 대로 살 수밖에 없지 않은가?'

그러나 아닙니다. 앞에서 계속 살펴 보았듯이 인연의 원리를 알고 살면 절대로 삶이 나빠지지 않습니다. 인연법이야말로 행복을 만들어내는 원리요 희망의 법칙입니다.

인연법을 잘 깨닫고 살면 최악의 상태에서도 능히 좋아질 수 있습니다. 지금 이 자리에서 원願을 세워 힘을 모으면 참으로 복되고 가치 있는 삶을 만들 수 있습니다.

오달국사와 인면창

이제 우리 불자들이 잘 알고 있는 '오달국사와 인면창' 이야기를 통하여 인연법에 대해 우리가 생각하고 있는 것 이상의 그 무엇을 함께 음미해 보도록 합시다.

❀

중국 당나라 말기에 오달국사悟達國師라는 고승이 계셨습니다. 스님은 어려서 출가하여 계행을 잘 지켰고, 항상 자비심을 품고 화를 내지 않았으므로 대중스님들이 그를 추천하여 '간병看病'의 소임을 보게 하였습니다.

어느 날 성질이 포악하고 인물이 괴상한 노스님 한 분이 병당病堂으로 들어왔는데, 자기의 요구대로 해주지 않으면 마구 때리고 야단을 치는 것이었습니다. 게다가 그 스님의 병은 문둥병이었습니다. 온몸이 곪아 터져 피가 나고 고름이 났으며, 고약한 냄새가 온 방에 진동했습니다.

그러나 스님은 그 문둥병 스님의 피와 고름과 신

경질을 조금도 싫어하지 않고 곁에서 열심히 간병했습니다. 오히려 더욱 불쌍하게 생각하고 좋은 약이 있으면 정성껏 구해 드렸습니다. 스님의 지극한 간호의 덕택이었던지 그렇게 중한 문둥병이 3개월 만에 완치되었고, 노스님은 떠나면서 말했습니다.

"스님의 정성으로 병이 이렇게 나았으니, 내 한 가지 일러주리다. 스님 나이 40세가 되면 나라의 국사로 뽑혀 천하의 존경을 받을 것이오. 만일 그때 천하제일의 음식을 먹고 천하제일의 의복을 입고 황제와 나란히 봉을 조각한 가마인 봉연鳳輦을 타고 다닌다 하여 마음을 교만하게 가지면 크게 고통 받는 일이 생기리다. 그때는 꼭 나를 찾아야 할 것이니 부디 잊지 마시오. 다룡산 두 그루 큰 소나무 아래에 있는 영지靈池로 오면 나를 만날 수 있다오."

과연 40세가 되자 스님은 황제의 칙명으로 오달국사悟達國師라는 호를 받았고, 금빛 찬란한 비단 장삼에 금란가사를 입고 천하진미만 입에 넣게 되었으며, 만조백관 위에 군림하게 되었습니다. 그리고 황제는 스님을 자기의 봉연에 태우고 다니며 갖가지 자문을 구하였습니다.

사람의 마음은 참으로 묘한 것이었습니다. 권력의 심장부에 있다보니 오달국사는 자신도 모르는 사이에 노병비구의 말대로 교만해지기 시작했습니다. 열심히 공부하던 지난날의 자세는 차츰 사라졌고, 철저했던 계행은 하나 둘 가벼워졌으며, 중생을 살피고 돌아보는 자비심도 점점 옅어졌습니다.

그렇게 지내던 어느 날, 아무런 까닭 없이 오달국사의 넓적다리가 쓰리고 아파 오기 시작하는 것이었습니다. 만져보니 난데없는 혹 하나가 생겼는데, 점점 커지더니 며칠만에 주먹만해졌습니다. 더욱 이상스런 것은 그 혹에 눈도 코도 입도 있어 마치 사람의 얼굴과 꼭 같은 것이었습니다. 또한 걸을 때마다 격심한 통증이 생겨 얼굴이 크게 일그러졌으므로 국사의 체모가 말이 아니었습니다.

그런데 며칠이 지나자 이상하게도 그 아픈 다리의 혹이 사람의 말을 하는 것이었습니다.

"오달아, 너 혼자만 좋은 음식 먹지 말고 나도 좀 주려무나. 그리고 걸음을 걸을 때는 제발 조심조심 걸어 내가 아프지 않게 해다오. 네가 품위를 유지하기 위해 다리를 절뚝거리지 않으려고 억지 걸음을 걸을 때마다 나의 얼굴이 당겨서 견딜 수가 없구나."

오달국사는 기절초풍을 하며 물었습니다.

"네가 도대체 누구이며 나와는 무슨 원한이 있느냐?"

그러나 인면창人面瘡은 입을 다물어 버리고 말을 하지 않았습니다. 백약이 무효하여 고통의 나날을 보내던 어느 날 밤, 오달국사는 문득 여러 해 전에 병을 치료해 주었던 그 노스님 생각이 났습니다.

"나이 40이 되면 나라의 국사로 추대를 받아 천하사람의 존경을 받는다"고 한 그 말씀이 쟁쟁하게 울려오자, 오달국사는 부귀고 영화고 다 팽개치고 야반도주를 하였습니다.

다룡산 두 소나무 아래의 영지를 찾아가니, 안개가 자욱한 가운데 풍경소리가 들리는 한 칸의 정자에 과연 그때의 그 노장이 앉아 있었습니다.

"오늘 그대가 올 줄 알고 기다리고 있었노라."

오달국사로부터 인면창 이야기를 들은 노장은 지시했습니다.

"인면창은 바로 그대 원수이니 어서 저 영지影池

의 물로 말끔히 씻어 없애버리시오."

오달국사가 영지로 내려가 물로 씻으려 하는데 인면창이 다급히 말했습니다.

"잠깐만 기다리게. 우리의 관계를 밝힐테니…. 나는 옛날 한나라 경제景帝 때의 재상 조착이었고, 너는 그 당시의 오나라 재상 원앙이었다. 너는 우리나라의 사신으로 왔다가 경제 황제께 내가 반역을 도모한 것처럼 고해 바침으로써, 무고한 나를 일곱 토막을 내어 죽게 만들었다.

그것이 철천지원이 되어 기회만 있으면 원수를 갚고자 하였으나, 그 뒤 네가 인생의 무상을 느끼고 승려가 되어 계행을 청정하게 지니고 마음 닦기를 게을리 하지 않아 기회를 얻을 수가 없었다.

그런데 마침 네가 국사가 되어 계행이 날로 해이해지고 수행에 구멍이 나기 시작하자, 너를 보호하던 모든 선신이 떠나가 버리더구나. 그 틈에 나는 너의 몸에 인면창으로 뿌리를 박을 수 있게 된 것이다.

그렇지만 너는 굳건한 불심으로 많은 사람을 구제해온 공덕과 특히 병든 스님네를 잘 간병한 공덕이 있어 오늘 저 스님의 은혜를 입게 되었고, 나 또한 저 스님의 가피를 입어 해탈하게 되었다. 이제 그대와의 원한은 모두 잊을 것이다.

이 못은 해관수解寬水라는 신천神泉인데, 한번 씻으면 만병이 통치되고 묵은 원한이 함께 풀어지게 된다. 또 저 스님은 말세의 화주로 다룡산에 계시는 빈두로賓頭盧존자이시다."

오달국사가 그 물로 인면창을 씻자 뼛속까지 아픔이 전해지더니 인면창이 순식간에 사라졌습니다.

그로부터 오달국사는 그곳에 머무르면서 『자비수참慈悲水懺』이라는 참회법을 저술하여 아침저녁으로 부지런히 정진하였으며, 구름같이 모여드는 대중들을 인연법과 참회법으로 지도하여 그들에게 행복의 길과 깨달음을 안겨 주었습니다.

원력願力의 수승함

이 이야기를 접하면서 불자들은 생각을 합니다.
'아, 업이란 참으로 무서운 것이구나. 국사가 된 큰스님도 업을 면하지 못하는데 우리야 오죽하랴. 조심해야지.'
'인간의 원결怨結이 이토록 지독한 것인가? 무려 1천년의 세월이 흘렀는데도 원한을 풀지 않고 호시탐탐 기회를 노리다가 인면창이 되어서까지 괴롭히다니…'
이렇게 느끼는 것이 보통 사람의 생각입니다. 그러나 이 이야기 속을 자세히 들여다보십시오. 매우 중요한 사실 몇 가지가 숨겨져 있습니다.

먼저 **업業에 대한 과보**입니다.
『삼세인과경』 등의 인과응보를 설한 경전이나 상식의 수준에 비추어 봅시다. 죄 없는 조착에게 거짓 죄를 뒤집어 씌워 일곱 토막을 내어 죽게 만든 원앙의 죄업. 이 죄업이라면 다시 인간으로 태어난다는 것이 불가능할 만큼 무거운 것입니다.

『삼세인과경』등에 준한다면 원앙의 죄는 다생다겁 동안 아비지옥에 떨어져 한없는 고통을 받아야 마땅합니다.

그런데 원앙은 어떠했습니까? 인생무상을 느끼고 승려가 된 다음 여러 생을 도를 닦으며 살았습니다. 어떻게 지옥에서 고통을 받으며 살아야 할 자가 도를 닦으며 살 수가 있습니까? 이것 자체부터가 우리의 상식을 크게 뛰어넘는 일입니다.

하지만 이것은 가능한 일입니다. 비록 큰 죄를 지어 큰 고초를 받을 처지에 이르렀더라도, 무상無常을 느끼고 정도正道로 살고자 하거나 깨달음을 이루겠다는 발심發心을 하면 그 원願에 의해 업業이 뒤로 물러섭니다. 원앙처럼 바른 도를 닦으며 세세생생 원 따라 살 수 있게 되고, 마침내는 업력까지 뛰어넘을 수 있다는 것입니다.

불교에서는 우리의 삶을 움직이는 내부적인 힘을 세 가지로 분류합니다. 그 셋은 업業과 습習과 원願입니다. 이 셋 가운데 업에 대해서는 이미 이해를 하였을 것이므로 습과 원에 대해서만 이야기 하겠습니다.

습習은 익힌 버릇입니다. 다생다겁 동안 익혀온 버릇이 습입니다. 지금의 '나'는 현생에 익힌 습만으로 존재하지 않습니다. 과거 전생의 수많은 생애, 수백 생 수천 생 동안 익힌 버릇이 계속 이어져 지금도 함께 합니다.

축생이었을 때의 버릇, 천인이었을 때의 버릇, 아수라였을 때의 버릇, 양반이었을 때의 버릇, 거지였을 때의 버릇, 왕족이었을 때의 버릇, 남자 또는 여자 였을 때의 버릇 등 수백 수천 생의 습관들이 똘똘 뭉쳐 지금의 '나'를 있게 하는 것입니다.

유난히 잠을 많이 자고 바람을 많이 피우고 술을 많이 먹는 것도 습과 관련이 있습니다. 현생에서 제대로 배우지 않았는데도 그림을 잘 그리고 악기를 잘 다루고 어려운 계산을 척척 하는 것 또한 전생에 익힌 습으로 인한 것입니다.

좋은 습을 타고난 사람은 현세에서 더욱 발전시켜 나갈 수 있습니다. 또 나쁜 습을 타고난 사람은 필요에 의해, 환경의 변화에 의해, 외부의 강한 충격에 의해 그 습을 능히 바꿀 수 있습니다.

이제 원을 이야기해 봅시다.

원願은 내 마음속의 소원입니다. 내가 어떻게 살고 어떻게 실천하고 어떻게 되겠다는 마음속의 소원입니다. 이 소원은 오직 '나'만의 것이요 '나'의 몫입니다. 그러나 원이 내면의 원으로만 있을 때는 원성취願成就가 되지 않습니다. '나'의 원을 핵으로 삼아 끊임없이 생각하고 노력하여 힘을 모아야만 원성취가 가능해집니다.

단순한 원에 힘(力)이 모이면 원력願力이 되고, 원력으로 움직이면 원성취가 어렵지 않습니다. 흔히들 원을 세우고 백일 기도 등을 행하는데, 이때의 백일 기도 등이 바로 힘을 모으는 방법인 것입니다. 이렇게 하여 스스로가 세운 원에 힘이 충만하여지면 어떻게 되겠습니까? 저절로 원성취가 되는 것입니다.

여기서 한 가지 질문을 던지고자 합니다.

업력業力과 습력習力과 원력願力의 셋 중 어느 힘이 가장 강하겠습니까?

그 답은 원력입니다. 원력은 업력과 습력을 뛰어

넘습니다. 강한 원의 힘이 업이나 습보다 앞서간다는 것입니다. 그래서 불교에서는 원을 세우라고 합니다. 무엇보다 먼저 원을 잘 세우라고 합니다.

예를 하나 들겠습니다.

『무량수경』 등에는 극락에 태어나고자 하는 원을 세우고 '나무아미타불' 염불을 십념十念, 곧 열 번만이라도 지극히 하라고 합니다. 그렇게 하면 틀림없이 극락에 왕생할 수 있다고 하였습니다.

단 열 번의 지극한 '나무아미타불' 염불! 이것으로 극락에 태어난다는 사실이 믿어집니까? 평생 나쁜 짓을 하였어도 십념十念의 염불로 극락왕생을 하게 되고, 극락에 왕생하면 다시는 윤회하지 않고 성불할 때까지 잘 공부하면서 행복하게 지낸다는 것이 믿어집니까?

인과만 믿는 중생이라면 쉽게 믿지 못할 것입니다. 그렇다면 부처님께서 거짓을 말씀하신 것입니까? 절대로 아닙니다. 바로 원력의 힘 때문에 이것이 가능한 것입니다. 열 번만 마음을 모아 염불하면 왕생케 하겠다는 아미타 부처님의 근본서원과 극락에 왕생하고자 하는 '나'의 원력이 맞아 들어갔기에, 업력에 의한 육도윤회의 길을 벗어나 극락세계에 왕생하는 것입니다.

 지옥에 떨어지는 것이 마땅한 원앙이 세세생생 공부 잘 하는 승려가 되고 국사로 추앙 받을 수 있었던 것도 바로 이 원력 때문이었습니다. 원력이 업력보다 앞서가기 때문에 이와 같은 삶의 길이 열릴 수 있었던 것입니다.

 이제 우리 불자님들은 확신 속에서 살아야 합니다.

  '업력·습력·원력 중에서 원력이 가장 앞선다. 나의 삶을 가장 앞서서 인도하는 힘은 지금 이 자리의 내 원력이다.'

 이 원력의 바다에 들어서면 이제까지 어떻게 살아왔는가가 중요하지 않습니다. 원력에 대해 확신을 갖고 지금 이 자리에서 원을 잘 세우고 닦아 가면, 원앙처럼 업을 넘어선 훌륭한 삶을 살 수 있게 됩니다.

 인·연·업·과의 원리 또한 마찬가지입니다. 지금 이 자리에서의 회심回心, 지금 이 자리의 강한 원願이 인·연·업·과의 모든 부분에 작용하여 업과 습을 뛰어넘고 나를 탈바꿈 시킨다는 것을 꼭 기억하시기 바랍니다.

또 한가지 '오달국사와 인면창'의 이야기에서 깨우쳐 주는 가르침은 교만하고 해이하고 삿되게 살면 보호하던 선신善神도 떠나가지만, 청정하게 살고 참선·염불·독경·사경·봉사활동 등을 하며 바르게 살기를 게을리 하지 않으면 반드시 선신이 지켜주기 때문에 아무리 강한 원결일지라도 침범하지 못한다는 것입니다.

원앙의 모함 때문에 일곱 토막이 되어 죽은 조착은 철천지 원한을 품고 귀신이 되어 원수를 갚을 때를 노렸습니다. 그런데 세세생생 승려가 되어 계율을 잘 지키고 공부를 열심히 하는 원앙을 선신이 보호하고 있었기 때문에 조착은 가까이 접근조차 할 수 없었던 것입니다.

그런데 마침내 기회가 왔습니다. 한 나라의 스승 자리에 오른 오달국사가 황제와 같은 호사를 누리며 교만해지자 선신들이 떠나갔고, 조착은 그 기회를 놓치지 않고 철천지 원수에게 갖은 고초를 준 다음 죽이고자 인면창이 되어 오달국사의 몸에 붙은 것입니다.

 이렇듯 '지금 이 자리'의 삶은 중요합니다. 어떻게 사느냐에 따라 선신이 보호하기도 하고, 원결이 쌓인 존재나 악귀가 침범하기도 하는 것입니다.

 물론 원을 잘 세우고 보시하고 지계하고 인욕하면서 원성취를 향해 잘 정진할 때는 아무런 문제가 생겨날 수 없습니다. 도를 이루겠다는 깊은 원력 속에서 자비를 실천하며 살았던 오달국사는 빈두로 존자라는 성현의 가피를 입어 조착과의 원결을 완전히 풀게되었고, 그 뒤 더욱 정진하고 중생을 널리 교화하지 않았습니까?

※

 이상에서 살펴본 바와 같이 인·연·업·과의 인연법은 희망의 법문法門입니다. 지금 이 자리에서 향상의 세계, 행복의 세계로 들어가게 만드는 법法의 문門입니다.

 불자들이여, 이 희망의 인연법을 통하여 새롭게 깨어나십시오. 불교는 과거를 묻지 않습니다. 과거의 잘못을 넘어서서 지금 잘 하게 되면 능히 바뀌고 행복해진다는 것이 부처님의 가르침입니다.

　지금 이 자리는 과를 받는 것과 동시에 인을 심고 연을 바꾸어 새로운 업을 짓는 자리! 이것을 마음에 담아 새로운 원력을 키우고 인연을 잘 가꾸는 법을 익혀, 향상의 세계로 함께 나아갑시다.

인연을 잘 가꾸는
간단한 방법

멈추고 참회하라

기도성취와 인연법

멈추고 참회하라

멈추면 좋은 인연으로 바뀐다

좋은 인연을 가꾸는데 있어 참으로 쉽고 좋은 방법 중의 하나는 '멈추기'입니다.

인정이 차츰 메말라 이기적이 되고 있는 현대사회를 사는 우리는 인간관계에 마음을 더욱 잘 써야 합니다. 특히 가깝고 사랑하는 사람과의 인연을 잘 가꾸고자 해야 합니다.

인연因緣. 인연이 무엇입니까? 거듭 이야기하지만, 인因은 근본이요, 연緣은 인을 감싸는 환경입니다. 인은 씨, 곧 '나'의 마음씨요, 연은 씨와 함께 하는 환경, 곧 '나'를 받아들여 주는 상대방의 모든 것입니다.

 나의 입장에서 볼 때는 내가 씨요, 상대가 환경이지만, 상대방의 입장에서 볼 때는 내가 환경이요 그 사람이 씨앗입니다. 곧 서로서로가 인이 되고 연이 되어 의지하고 떠받치면서 존립하는 것이 인간관계입니다. 서로가 씨가 되고 환경이 되어 싹을 틔우고 잘 가꾸어야만 행복의 결실을 볼 수 있는 것이 인간관계입니다.

 바꾸어 말하면, 서로의 인因인 마음씨와 마음가짐에 의해 좋게도 되고 나쁘게도 되는 것이 인간관계요, '어떠한 마음씨를 가지고 유지해 왔느냐'에 따라 과보를 받게 되는 것이 인간관계인 것입니다.

 실로 인간관계에 있어 서로가 서로를 살리는 인연을 유지하는 방법은 매우 간단합니다. 마음을 잘 쓰는 것입니다. 서로가 자기중심적인 자세를 버리고 상대를 위해 좋은 연(緣, 환경)이 되고자 하면 됩니다.

 만약 자존심이 강하여 나를 꺾지 못한다 할지라도, 상대가 나의 뜻대로 움직여주기를 바라거나 순종하기를 바라서는 안 됩니다. 자비심을 기르는 불자라면 인연이 깊은 사람들과 사소한 자존심 싸움은 하지 않아야 합니다.

상대가 나의 자존심을 건드리거나 마음에 들지 않게 말하고 행동하여 감정이 상할지라도, 상대를 부정하거나 싫어하여서는 안됩니다. 싫어하고 부정하면 서로간에 쌓여 있던 좋지 않은 업력業力에 가속도가 붙게 되고, 가속도가 붙게 되면 문제 해결은 커녕 사태가 걷잡을 수 없이 전개됩니다.

오히려 좋던 인연에 문제가 생기면 무엇보다 먼저 동요되고 있는 나의 마음상태를 조용히 지켜보고 바라보아야 합니다.

내 마음 속에서 일어나고 있는 탐욕를 바라보십시오. 내 마음 속에서 일어나고 있는 분노를 바라보십시오. 내 마음 속에서 일어나고 있는 교만과 의심과 고집을 지켜보십시오. 지켜보고 바라보면 멈추고 가라앉습니다. 탐욕도 분노도 교만도 의심도 고집도 다 가라 앉습니다.

탐욕과 분노와 의심 등에 대해 이기적인 나의 충동력을 따르지 않고, 나의 모든 판단을 멈추면서 탐욕과 분노가 일어나고 있음을 바라보고 지켜보는 바로 그 순간, 탐욕·분노·교만·의심·고집 등이 사라지면서 사랑과 화합과 용서와 참회의 자리가 마련되기 때문입니다.

그리고 나의 자기중심적인 충동과 판단을 모두 중지시킨 다음에는 상대에 대한 바람이나 추측들 또한 모두 놓아버려야 합니다.

상대에 대한 바람이나 추측을 나 속에서 비워버리면 상대를 있는 그대로의 모습으로 받아들일 수 있게 되고, 상대를 이해하며 받아들이면 가속도가 붙으려던 업業의 흐름이 정지됩니다. 이렇게 업력業力의 흐름이 멈추게 되면 업장業障도 함께 소멸되면서 늘 좋은 인연을 유지할 수 있게 되는 것입니다.

마음씨를 바꾸는 참회

인연법을 공부한 우리가 삶의 변화와 향상을 바란다면 근본인根本因이 되는 나의 마음씨부터 바꾸어야 합니다. 물론 나의 마음이라 하여 쉽게 바꿀 수 있는 것은 아닙니다. 그리고 많은 사람들은 '마음씨를 바꾸고는 싶은데 어떻게 바꾸어야 할지를 모르겠다'고 합니다.

마음씨 바꾸기! 그 가장 좋은 방법이 무엇일까요? 바로 부처님께서 가르쳐 주신 염불·참선·독경·사경·참회·주력수행·명상 등이 마음씨를 바꾸는 좋은 방법들입니다. 어느 것을 하더라도 저절로 마음씨가 바뀌고 행복을 담는 방법을 체득할 수 있게 됩니다.

그런데 이 중에서 한가지만을 택하고자 한다면, 먼저 참회기도를 할 것을 권합니다. 하루에 108배라도 꾸준히 하는 참회기도가 참으로 좋습니다. 참회기도가 원성취와 관련된 마음씨를 잡아주는 초석이 되기 때문입니다.

마치 새 집을 지음에 있어 헌 집을 철거하고 땅을

고르고 주춧돌을 놓는 작업과 같은 역할을 하는 것이 참회기도입니다. 이제 한 배 한 배 정성껏 절을 하며 참회를 해보십시오.

"잘못했습니다. 잘못했습니다. 잘못했습니다."
" 탐진치로 지은 죄, 모두 참회하옵니다. 앞으로는 계·정·혜를 닦아 밝고 바르고 평화롭게 살겠습니다."

이렇게 잘못을 참회하며 업장을 소멸시키고 새로운 씨를 심다 보면, 차츰 마음이 고요해져서 헛된 욕망이나 번뇌망상에 휩쓸리지 않게 됩니다. 그리고 마음 속의 원망스러운 감정이나 미워하는 생각들이 차츰 엷어지면서, 내가 가져야 할 밝고 바른 마음씨를 회복하게 되는 것입니다.

나아가 마음씨가 바뀌게 되면 지난 날의 죄업에 대한 과보를 받고 받지 않고는 문제가 되지 않습니다. 바른 마음씨 따라 법계의 좋은 기운들이 몰려들기 때문에, 그릇된 업이 저절로 풀리면서 새로운 선업을 이루고, 악연이 좋은 인연으로 바뀌게 됩니다.

그리고 가족 한 사람 한 사람에게 3배씩을 올리는 참회법도 마음씨를 바꾸고 업을 바꾸는 매우 좋은 방법입니다. 그러나 대충하면 안 됩니다. 정성껏 해야 합니다.

사람들에게 '부모·남편·아내·아들딸 각각을 향해 3배씩 절을 하라'고 하면 형식적으로 하는 사람이 많습니다. 가끔씩 "어떻게 하고 있느냐?"고 물어보면, "좋다고 하니 하기는 하는데, 그냥 3배를 하면서 '잘못했다'를 되뇌이는 정도로 한다."는 것입니다.

이렇게 하면 안 됩니다. 비록 절은 세 번에 그칠지라도 온 마음을 기울여 정성껏 절을 하고, 축원도 정성껏 해야 합니다.

정말 정성을 다해 '잘못했습니다'를 염하고 '감사합니다'를 염하면서 새로운 마음씨를 심으면, 내 마음보에 쌓여 있던 가족에 대한 모든 업장이 저절로 풀리면서 원망도 미움도 불만도 동시에 사라지게 됩니다.

또한 내 마음에서 맺힘과 앙금과 감정이 풀어지면 상대방의 마음도 동시에 풀리게 됩니다. 이것이 무엇입니까? 바로 인연법입니다. "이것이 있으면 저것이 있고, 이것이 멸하면 저것도 멸한다."는 인연법인 것입니다.

모든 것은 나에게서 비롯됩니다. 나의 마음씨에서 비롯됩니다. 나의 마음씨가 바뀌는데, 어찌 상대의 마음이 바뀌지 않겠습니까? 바로 이 인연법이 참회의 원리임을 안다면, 정성껏 참회하지 않을 까닭이 없을 것입니다.

대자대비하신 부처님께서는 중생의 행복과 해탈을 위해 이 땅에 오셨습니다. 그리고 행복과 해탈을 얻게끔 하기 위해 인연법을 설하셨으며, 인연법 중에서도 마음씨를 근본인根本因으로 삼았습니다.

정녕 우리가 참된 행복과 해탈을 바란다면, 무엇보다 먼저 참회를 하면서 근본인인 나의 마음씨부터 바꾸어야 합니다. 나의 마음씨가 바뀔 때 내 주위가 바뀌고, 법계에 가득한 행복과 평화와 사랑과 해탈의 기운이 나와 내 주위에 충만하게 됩니다.

모름지기 문제가 생기면 이기적인 '나'를 비우고 무조건 참회해 보십시오. 진심으로 참회하고 지금 이 자리의 인연을 잘 가꾸겠다는 마음씨를 가질 때 모든 장애들이 풀어집니다.

  참되고 복되고 자유롭고 향상된 삶! 그것은 진정으로 참회하고 좋은 인연을 만들고자 하는 지금 이 자리의 마음가짐이 결정한다는 이 소중한 법칙을 잊지 마시기 바랍니다.

기도 성취와 인연법

정성이 기도성취의 으뜸 인因

이제 '인연법과 기도'에 대해 이야기 하겠습니다. 특히 '기도성취를 방해하는 인연들을 어떻게 다스려야 하는가'를 중심으로 삼아 함께 점검해 보고자 합니다.

우리가 살고 있는 세계는 법계法界입니다. 진리의 세계인 이 법계는 인연의 법계요 인과의 법계인지라, 노력한 만큼 이루게끔 되어 있습니다.

따라서 무엇을 하든, 꾸준히 계속하여 힘이 쌓이고 쌓이면 반드시 성취되게끔 되어 있습니다. 한마디로 '한 만큼은 틀림없이 되는 세계'가 이 법계인 것입니다.

그런데 묘하게도 중생들은 '쉽게 이루는 것'을 좋아 합니다. 크게 득 보는 것을 좋아합니다. 하지만 인연의 법칙에서 보면 그것은 공연한 욕심일 뿐입니다. 어떠한 것도 그냥 이루어지지 않습니다. 한 만큼만 이루어지고, '나' 또한 능력 이상으로 많은 일을 할 수 있는 존재가 아닙니다. 할 만큼만 하고, 한 만큼만 이룰 수 있는 존재가 중생입니다.

할 만큼 하고 한 만큼 이루어지는 것! 바로 이것이 인연의 법칙이요 인과의 법칙입니다. 그러므로 사업을 하든, 직장을 다니든, 공부를 하든, 살림을 하든, 일단 주어졌고 신중하게 선택을 한 일이라면 마냥 정성을 다해 차근차근 복을 쌓아가야 합니다.

절대로 쉽게 이루겠다는 욕심으로 스스로의 앞길을 흔들지 말아야 합니다. '할 만큼 하고 한 만큼 된다'는 법칙을 새기면서 착실히 부지런히 해나가다 보면, 점점 향상의 길이 열리고 성취가 있게 됩니다.

기도의 인연 또한 마찬가지입니다. 부지런히 기도를 하면 내가 정성을 기울인 만큼의 공은 결코 사라지지 않습니다.

정성스럽게 기도를 하면 가피는 다가오게끔 되어 있습니다. 누구라도 정성스럽게 기도를 하면[因] 가피[果]는 언제나 나타나게 되어 있습니다. 흔들림 없는 심신으로 정성껏 기도하면, 현재와 미래의 행복이 보장됩니다.

갖가지 얽힌 인연과 업보 때문에 고통 받는 이 사바세계에서 잘 살기를 바란다면 정성껏 기도해보십시오[因]. 틀림없이 잘 살 수 있게 됩니다[果]. 바꾸어 말하면 잘 사는 것은 정성스럽게 사는 것입니다. 더욱이 정성스럽게 기도하는데 잘 살지 못할 까닭이 있겠습니까?

나의 기도는 인이요, 불보살은 연이며, 기도 성취는 과입니다. 부디 불보살을 믿고 정성스럽게만 기도하십시오. 정성을 다해 기도하면 인연이 잘 화합하여 앞뒤가 다 열립니다. 모든 문제가 다 해결됩니다. 정성을 다해 기도하는 이에게 길이 열리는 것은 이 대우주법계의 법칙입니다.

그럼 어떻게 하는 것이 '정성을 다하는 기도'인가? 가장 중요한 것은 기도 중의 어려움이나 게으른 생각 등과 타협하지 않고 마음을 하나로 모아간다는 것입니다. 일어나는 잡생각을 좇아가지 않고 염불 속에서 불보살님과 하나가 되거나, 사경·독경을 하면서 경전의 뜻에 몰두 하는 것, 한 배 한 배 속에 참회와 원을 가득 담아 절하는 것 등이 정성껏 기도하는 방법입니다.

정말 정성스러운 마음으로 기도하십시오. 지극한 공경심으로 기도하여, '소원을 안 들어 주고는 못 배기겠다'는 생각이 들 만큼 정성스럽게 기도하십시오. 틀림없이 가피를 입게 됩니다.

물론 마음을 모아 정성껏 기도한다는 것이 쉽지만은 않습니다. 우선은 잡생각 때문에 마음을 모아 정성껏 기도하기가 힘이 듭니다. 하지만 마음을 모아 정성껏 기도하고자 애써야 합니다. 왜냐하면 너무나 오랫동안 번뇌망상의 파도에 휩쓸려 정신없이 살아 왔기 때문에 지금과 같은 고난의 업을 받고 있는 것입니다.

그러므로 이 고난을 벗어나고자 하면 마음을 잘 모아 정성껏 기도를 해야 합니다. 이것이 기도성취를 위한 최상의 인囚입니다.

물론 처음부터 마음을 잘 먹을 수 있는 사람도 흔

치 않고, 기도하는 시간 내내 마음을 잘 모을 수 있는 사람도 드뭅니다. 그리고 여러 날 기도하다 보면 기도에 대한 회의도 일어날 수 있습니다.

하지만 이 모든 것을 극복하고 기도해야 합니다. 물러서지 말고 포기 하지 말고, 스스로의 정성을 불러 일으켜 억지로라도 기도해야 합니다.

내가 나를 격려하면서 꾸준히 기도하면 차츰 게으른 마음이나 힘든 상태를 넘어서게 되고, 고비를 넘기면 마음이 하나로 모이게 되며, 마음이 하나로 모이면 불보살님의 가피와 함께하여 원을 성취하게 되는 것입니다.

그리고 어떤 기도를 하든 회향할 때까지 기도를 잘하려면, 가능한 한 같은 장소에서, 시작할 때 정한 시간과 분량을 지키고자 노력해야 합니다. 갑자기 의욕이 샘솟고 말뚝 신심이 난다고 하여 분량을 늘리거나, 몸과 마음이 피곤하고 특별한 일이 있다는 핑계로 기도시간을 줄이는 것은 좋지 않습니다.

스스로가 정해 놓은 분량을 지속적으로 하는 것이 중요하며, 이것이 '정성 誠'의 기본입니다.

번뇌망상의 극복은 업장소멸

이제 기도로 인해 생겨나는 문제점을 짚어 보도록 합시다. 먼저 번뇌망상입니다.

나에게 물어오는 기도상담 내용 중 가장 많은 것도 번뇌망상에 대한 것입니다.

"왜 이렇게 잡생각이 많이 일어나는지 모르겠습니다. 이렇게 기도를 해도 되는지요?"

잡생각. 곧 번뇌망상은 기도하는 사람이면 누구나 느끼는 기도의 최대 장애입니다. 번뇌망상만 없으면 금방이라도 기도삼매에 빠져들어 불보살님의 가피를 입고 소원을 성취할 것 같은데, 잡생각 때문에 마음을 하나로 모을 수가 없고 제대로 된 기도를 하기가 힘이 듭니다.

그럼 어떻게 하여야 기도의 가장 큰 훼방꾼인 번뇌망상을 잘 다스릴 수 있는가? 무엇보다도 번뇌망상에 대한 우리의 생각부터 재정립해야 합니다.

대부분의 불자들은 번뇌망상을 기도를 방해하는 적 또는 원수처럼 생각합니다. 그래서 번뇌망상과 싸움을 하고 번뇌망상을 없애기 위해 몹시도 애를 쓸니다. 하지만 번뇌망상은 파도와 같고 구름과 같은 것입니다. 마음의 바다에 바람 따라 생겨났다가 자취 없이 꺼지는 파도와 같고, 맑은 하늘에 홀연히 일어났다가 스르르 흩어지는 한 조각의 구름과 같은 것이 번뇌망상입니다.

곧 번뇌망상은 파도나 구름처럼 고요한 실체가 없고 참다운 뿌리가 없는 것입니다. 실체도 뿌리도 없는 파도와 구름! 출렁이는 파도를 누가 잠재울 수 있습니까? 뜬 구름을 누가 흩어버릴 수 있습니까? 누구도 그렇게 할 수는 없습니다. 그런데 때가 되면 저절로 꺼지고 저절로 흩어지는 것이 파도요 구름입니다.

여기서 우리는 분명히 알아야 합니다. 그 번뇌망상이 바깥에서 온 것이 아니라, 우리들 마음의 바다에서 생겨난 파도요 일심의 하늘에서 일어난 구름임을 알아야 합니다. 그 파도 또한 바닷물이요, 구름이 있는 곳 역시 하늘이라는 것을 알아야 합니다.

분명히 명심하십시오. 어떠한 번뇌망상도 마음 밖에서 온 것은 없습니다. 우리의 업력業力이 번뇌를 만들었고, 우리의 업풍業風이 망상을 불러 일으켰다는 것을 깨달아야 합니다. 스스로의 애착으로 만들어낸 우리의 업력, 집착에서 비롯된 우리의 업풍이 번뇌망상이 되어 우리의 기도를 방해하는 것입니다.

그런데 기도라는 거울에 '나'를 비추어 보면 내가 짓고 집착하고 쌓아놓은 업장이 어떠한 것인지를 잘 알 수 있게 됩니다. 그 업들이 번뇌망상이 되어 불현듯이 나타나게 됩니다. 곧 가장 가까운 시절에 가까운 사람들과 있었던 일들은 나풀거리는 번뇌가 되어 끊임없이 솟아나고, 마음 깊이 맺혀 있는 업장들은 묵직한 망상이 되어 꾸준하게 일어납니다.

그런데 이 번뇌망상이 나쁘기만 한 것은 아닙니다. 이 번뇌망상을 잘 다스리면 업장소멸이 이루어지고 업장소멸이 되면 기도소원은 자연스럽게 성취됩니다.

우리가 생각으로 말로 행동으로 지은 업들은 그냥 사라지거나 없어지지 않습니다. 잠재의식이나 무의식 속으로 가라앉아 갈무리 됩니다. 따라서 이 업장들이 평소에는 전혀 감지되지 않습니다. 하지만 때가 무르익으면 그 업들이 솟아나 우리의 삶을 좌

우 합니다. 지난 시간의 산물인 무의식 속의 업장들이 미래 또는 내생의 삶을 결정짓는 것입니다.

그런데 우리가 기도하는 바로 그 시간에 우리에게 업보를 안겨줄 그 업장들이 불쑥불쑥 솟아오릅니다. 번뇌망상이 되고 마구니가 되어 모습을 드러내는 것입니다.

그렇다면 기도 중의 번뇌망상이란 과연 무엇인가? 기도하는 우리가 반드시 물리쳐야 할 적이 아니라, 기도하는 우리에게 내려지는 가피입니다. 기도를 할 때 일어나는 번뇌망상들을 잘 극복하면 미래에 받아야 할 업장을 능히 소멸할 수 있기 때문입니다. 그 업장들이 현실 속의 업보로 구체화 되지 않고, 번뇌망상으로 모습을 나타내었다가 흩어져 버리기 때문입니다.

번뇌가 일어날 때 번뇌에 끌려가지 않고 염불에 집중을 하거나 사경·독경 등에 집중을 하면 부처님이 되는 농사를 짓게 되고, 무의식 속에 갈무리 되어 있다가 나온 업장들은 기도의 힘에 의해 녹아 버립니다. 대자대비하신 불보살님의 근본서원력과 대위신력에 의해 업장이 구름처럼 흩어지는 것입니다. 이렇게만 하면 어느 생에선가 구체적으로 받아야 할 정신적·육체적·물질적 과보를 능히 극복할 수 있게 됩니다.

하지만 일어나는 번뇌망상 때문에 기도에 집중을 하지 못하고 잡생각을 좇아 흘러가게 되면 그 업장을 어찌할 수가 없습니다. 업장의 어둠을 태양과도 같은 불보살님의 대지혜 광명으로 일시에 능히 없앨 수 있는데도, 번뇌망상을 따라 먹구름을 일으키고 있으니 어쩔 수 없이 과보를 받아야 하는 것입니다. 기도에 집중만 하면 능히 없어질 업장이요 어둠인데도.

그러므로 번뇌망상의 극복이 업장소멸의 지름길임을 확신하고 더욱더욱 기도에 마음을 모으십시오.

하지만 생각을 이렇게 갖는데도 여전히 잡생각이 많이 일어나거나, 지나간 일이나 사람 등에 대한 특정한 번뇌망상에 사로잡혀 정말 제대로 기도할 수 없을 때에는 기도 도중에 참회와 축원이라는 방편을 써서 극복하는 것도 좋은 방법입니다.

"잘못했습니다. 용서하십시오. 다시는 그러지 않

겠습니다."

"잘못했습니다. 그 분에게 자비와 평화와 대행복이 가득 충만하여지이다."

이렇게 세 번 정도 반복하여 참회하고 축원한 다음 원래의 기도로 돌아가면 능히 번뇌도 다스리고 맺힌 업장도 능히 풀 수 있습니다.

결코 잊지 마십시오. 기도 중의 번뇌망상 극복은 크나큰 가피입니다. 인과응보의 원리에서 볼 때, 기도하는 이 순간에 일어나는 번뇌망상의 극복이야말로 내생이나 앞날에 받을 업보를 녹일 수 있는 절호의 기회입니다. 잘 생각하시어, 기도에 집중하고 또 집중하시기 바랍니다.

흔들리지 말라

또 한 가지, 기도 중에 주의해야 할 것은 주변사람의 조언이나 기도 중에 꾸는 꿈 등으로 기도를 중단하는 경우입니다. 나에게 기도상담을 하는 사람 중에는 이것을 문제로 삼는 분들이 참으로 많습니다.

"지장 기도를 하고 있는데 어떤 스님께서, '지장기도는 영가장애를 끌어들일 수 있다. 왜 하느냐? 차라리 관음기도를 해라'고 합니다. 어떻게 할까요?"

"광명진언을 외우며 기도를 하는데, 같은 절에 다니는 분이 천수대비주의 위력이 크다며 바꿀 것을 권합니다. 무엇을 하는 것이 좋을까요?"

이런 질문을 받을 때 나는 '당연히 하던 기도를 계속 해야 한다'고 분명하게 말해 줍니다.

일반적으로 옆에서 다른 기도로 바꿀 것을 권유하는 시기는 기도 초기가 아닙니다. 가령 천일기도라면 2년을 넘겨서 3년째로 접어들었을 때, 백일기도를 한다면 70일 정도 되었을 때 가장 많이 나타납니다. 이제 이삼십일만 더 하면 회향인데, 기도의 끝을 보지 못하게 흔들어 놓는 것입니다.

　이러한 흔들림은 어떻게 극복해야 하는 것인가? 사실 이 경우에는 '어떻게'라고 할 것도 없습니다. 그냥 무시하고 계속 해야 합니다. 시작한 지 3일만이면 몰라도, 이미 반을 훨씬 더 넘겼는데 그만두다니, 아깝지 않습니까? 절대로 그만두면 안 됩니다. '이것이 마장이구나. 이것이 고비구나' 하면서 더욱 열심히 해야 합니다.

　누가 권유를 하든 절대로 흔들리면 안 됩니다. 우리의 기도는 불보살님께 고告하고 시작하는 기도가 아닙니까? 불보살님께 처음 약속한 기간 동안, 아주 특별한 경우가 아닌 이상에는 기도 대상을 바꾸지 말고 흔들림 없이 기도해야 합니다.

　기도에는 반드시 기도시험이 뒤따릅니다. 이 기도시험에 넘어가서는 안 됩니다. 옆에서 다른 기도를 할 것을 권유하는 것도 이러한 기도시험 중 하나입니다.

　사실 기도를 7할·8할 가량 하였는데 아주 이상한 꿈, 매우 불길하게 느껴지는 꿈을 꾸어 '기도를 포기해야 하지 않을까'라고 생각하는 경우가 매우 많습니다. 또 기도를 하는 도중에 뜻밖의 사건이 터지는 경우가 있습니다. 그리고 뜻하지 않은 그 사건 때문에 기도를 포기하는 사람도 많습니다. 그러나 이러한 꿈과 사건을 잘 넘겨야 합니다. 참으로 중요한 고비는 이 때입니다.

 절에 가서 일정기간을 정하여 기도를 하다보면 묘하게도 가족들이 찾아와 시험을 합니다. 남편이 찾아와 "집안이 엉망이니 돌아가자."며 애원을 하고, 아이들이 울면서 "엄마 없으니 못 살겠다."며 떼를 씁니다. 때로는 부도가 나고 주변사람이 다쳤다는 소식도 들려옵니다. 이러한 때에 우리는 어떻게 합니까? 대부분의 사람은 마음이 약해져 버립니다.

 '가정이 파탄 지경인데 기도는 무슨 기도!'
 '내가 없으니 집안이 쑥대밭이구나. 내 기도를 하고 못하고는 문제가 아니다. 집안부터 편안하게 만들어야지.'

 이렇게 희생적인 생각을 일으켜 기도를 포기하고 집으로 돌아갑니다. 그러나 집으로 돌아간들 생각처럼 해결이 되지 않습니다. 기도를 시작하기 전보다 나아지는 것은 조금도 없고, 집안은 더욱 거꾸로 돌아갈 뿐입니다.

이 모두가 기도시험입니다. 이루어야 할 소원이나 풀어야 할 문제가 나의 현재 능력에 비해 크면 클수록 넘어야 할 기도시험도 크게 다가오는 법입니다.

그러므로 일단 오랜 생각 끝에, 필요에 의해, 그리고 무엇인가를 이루기 위해 기도를 시작하였으면 끝까지 밀고 나가야 합니다. "몸이 부서지든, 가정이 이상이 생기든, 배우자가 바람을 피우든, 나는 흔들리지 않는다."고 하면서 끝까지 밀고 나아가야 합니다.

끝까지 밀고 나아가 고비를 넘기고 나면 모든 것은 제자리로 돌아옵니다. 내 마음이 자리를 잡고 내 기도가 자리를 잡게 되면 가족들도 모두 제자리를 찾게 됩니다. 일부러 제자리로 돌리려 하지 않아도 있어야 할 자리로 돌아오고, 문제해결은 물론이요 소원성취도 됩니다.

그런데 겁을 먹고 타협하여 고비를 넘기지 못한 채 주춤하고 물러서면 여태까지 기도한 것이 물거품이 되어 버립니다. 기간을 정하고 기도를 시작하였으면 어떠한 일이 일어나도 기도의 끝을 보고자 해야 합니다. 문제가 생겼다고 하여 결코 그만두지 마십시오. 끝까지 하면 마침내 성취됩니다. 고비를 넘기고 나면 다 깨어져버리고 터져버릴 것 같았던 문제들이 모두 해결되고 기도성취를 보게 됩니다.

하지만 잊지 마십시오. 이 때 겁을 집어먹고 물러서거나, 기도하기 싫은 마음과 타협하여 그만 두면, 성취는커녕 모든 것이 후퇴해버립니다.

그러므로 기도를 할 때는 인정이나 애착에 끌려가지 말고 정성껏 '내가 지금 해야 할 기도'에 몰두해야 합니다. 어떤 꿈을 꾸었건, 집안이 쑥대밭이 되건, 누가 아프다고 하건, 발원한 기도를 꼭 하십시오. 다른 기도로 바꾸지 말고 하던 기도를 흔들림 없이 계속 하게 되면 모든 문제는 사라지게 됩니다. 모든 마구니가 자취를 감추게 되는 것입니다.

기도 중에 고비를 만나고 마구니가 찾아들지라도 부디 겁을 먹지 말고 용맹스러운 자세로 임하십시오.

"올테면 오너라! 나는 오로지 기도한다."

이렇게 다짐하면서 기도를 계속하면 어떤 장애도

두려울 것이 없어지며 '나'를 흔들지 못합니다. 모름지기 나의 기도가 흔들림 없는 자리에 들어서면 기도의 끝인 성취가 가까워집니다. 장애를 이겨내고 성취를 이루는 데는 결코 특별한 비결이 없습니다. 흔들림 없이 꾸준히 기도하는 것, 이것 외에 특별한 비결이 없다는 것을 꼭 기억하시고 흔들림 없이 기도 정진 잘 하시기를 당부드립니다.

시절인연을 잊지 말라

끝으로 한 번의 기도를 한 다음 기도성취가 되지 않았을 때 취하는 나의 자세에 대해 이야기 해 보고자 합니다. 기도성취가 되지 않았을 때 우리는 어떠한 태도를 취합니까? 원성취를 하지 못한 것에 대해 실망하고 불신하고 등을 돌리지는 않습니까?

만약 이러한 자세를 취한다면 참으로 가피는 요원해집니다. 반대로 '내가 정성을 다하지 못한 것이로구나 다시 기도하리라.' 이렇게 작정하고 꾸준히 기도를 하다보면, 어지럽던 생각들이 정리가 되고, 마음이 넉넉해지면서 차츰 기도성취 쪽으로 다가서게 됩니다.

모든 것에는 시절인연時節因緣이 있습니다. 기도성취에도 시절인연이 있습니다. 시절인연이 돌아오게 되면 기도하며 심은 씨가 꼭 결실을 맺게 됩니다. 그러므로 기도가피가 빨리 임하지 않을지언정 실망하거나 불심을 버리지 말고, 시절인연이라 생각하며 기다려야 합니다.

기도를 하다 보면 가피가 빨리 찾아 올 때도 있고

늦게 찾아 올 때도 있습니다. 곧 인연이 무르익는 시절, 이것이 시절인연입니다. 그러나 인연이 무르익을 때까지, 시절인연이 도래할 때까지 기다리기란 용이하지 않습니다. 원성취가 바쁘기 때문입니다. 그래서 답답해진 불자들은 하소연을 합니다.

"기도를 하였는데 소원성취는커녕 성취의 조짐도 없습니다. 기도를 하면 정말로 소원이 이루어지는 것입니까?"

하지만 기도의 가피가 조금 늦게 찾아 든다 하여 조급증을 낼 일이 아닙니다. 스스로가 기울인 정성을 점검하면서 성취의 시절을 기다릴 줄 알아야 합니다. 같은 태양이 천하를 비추지만, 산봉우리에 빛이 먼저 찾아들고 골짜기에 빛이 나중에 찾아드는 것과 같이, 인연이 무르익으면 성취의 시절은 반드시 오게끔 되어 있습니다.

원이라는 씨를 심고 정성스런 기도로써 잘 가꾸고 기르는데 어찌 결실이 없겠습니까? 다만 시절인연이 일찍 도래하고 늦게 도래할 뿐, 포기하지 않으면 반드시 결실은 있기 마련입니다.

기도의 힘은 무섭습니다. 원을 잘 세우고 정성껏

기도하면 반드시 가피를 입어 성취하게 됩니다. 시절 인연이 도래하면 틀림없이 가피를 입고 결실을 맺을 수 있으니, 조급증을 내지 말고 정성껏 기도하십시오.

 기도를 하면 우선 불보살님의 복이 나와 함께하고, 기도를 하면 맺힌 인연들이 풀리면서 우리를 향상 시키는 많은 깨달음이 스스로 다가옵니다. 그리하여 마음이 맑아지면, 그 맑아진 마음그릇에 복이 가득 담기게 되는 것입니다. 어찌 이 좋은 기도를 하지 않을 것입니까?

 매일매일 기도 하십시오. 꼭 기도를 하여 좋은 인연을 가꾸는 멋진 삶을 영위하시기를 두 손 모아 축원 드립니다.

이상으로 인연법에 대한 글의 끝을 맺습니다.

잊지마십시오. 우리는 인연법을 마음에 담아 함께 하는 인연들을 잘 가꾸고 살리는 일을 하며 살아야 합니다. 이렇게만 살면 우리는 반드시 대행복과 대해탈과 대자유를 누리며 살 수 있게 됩니다.

우리의 옆에는 언제나 부처님께서 함께 하고 큰 보살님께서 함께 하고 신장들이 함께 합니다. 무엇이 두려워 부처님께서 가르치신 떳떳하고 바른 길, '나'를 향상시키고 행복하게 만드는 길로 나아가지 못할 것입니까?

모두가 부처님께서 설하신 이 희망 가득한 인연법의 원리를 깨달아 참된 불자의 길을 걷고, 대지혜와 대자비와 대평화와 대행복을 증득하시기를 엎드려 축원드립니다.

나무마하반야바라밀.

부록
십이인연

십이인연법

유전과 환멸

십이인연법

위없는 깨달음의 십이인연법

 십이인연법十二因緣法에 대해 살펴보기 전에, 흔히 빠지기 쉬운 한 가지의 오류에 대해 짚고 넘어가고자 합니다.
 인연은 달리 연기緣起 또는 연멸緣滅 이라고도 하는데, 이는 인연소기因緣所起 또는 인연소멸因緣所滅의 줄인 말입니다. 원인〔因〕과 환경〔緣〕이 합하여 일어나는 바라 하여 '인연소기〔緣起〕'라 하고, 인과 연이 다하여 없어지는 바라 하여 '인연소멸〔緣滅〕' 이라 하는 것입니다.
 흔히들 십이인연을 '십이연기'라고 많이 표현하

는데, 연기緣起는 인연소기因緣所起의 줄인 말입니다. 인과 연이 화합하여 일어나는 쪽을 이야기 할 때는 인연소기가 맞지만, 인과 연이 다한다는 쪽의 인연소멸 곧 연멸緣滅까지를 생각하면, 인연을 연기라고 하는 것은 반쪽의 표현밖에 되지 않습니다.

이를 미리부터 파악하신 우리의 고승들은 옛부터 십이연기라 하지 않고 십이인연이라는 표현을 썼습니다. 현재 학계를 중심으로 '십이연기'라는 표현을 많이 쓰고 있는데, 이는 근세에 일본 불교교리책이 우리나라에 많이 유입되었기 때문입니다.

앞으로는 십이인연으로 통일함이 좋을 듯하며, 이 글에서도 십이연기가 아닌 '십이인연'으로 표기하니 착오 없으시기 바랍니다.

이제 십이인연법에 대해 살펴봅시다.

제1장에서 이야기하였듯이, 부처님이 되기 이전의 석가모니에게 있어 가장 큰 문제는 생로병사의 괴로움이었고, 그 괴로움을 근원적으로 해결하기 위해 왕궁을 떠나 수행의 길에 올랐습니다. 그리고 당시 대수행자들의 주장에 따라 욕망과 번뇌를 생사고生死苦의 근본으로 여기고, 욕망과 번뇌를 잠재

우기 위한 6년 고행을 몸이 사그러질만큼 열심히 닦았습니다.

그러나 욕망과 번뇌를 잠재우기 위한 고행의 끝은 생사고의 해탈이 아니었습니다. 오히려 고행은 번뇌의 소멸과 무관한 것이었습니다. 이에 석가모니는 고행을 놓아버립니다.

그리고 중도中道의 입장에 서서 이전까지의 가르침에 대한 모든 관념들, 곧 '무엇을 하면 무엇을 이룬다', '이렇게 닦으면 어떤 경지에 이른다'는 기존의 관념들을 모두 놓아버리고 스스로 생사고의 원인이 무엇인지를 관觀하기 시작합니다.

- 무엇으로 인해 늙음과 죽음[老死]이 있는가? 도대체 무엇이 원인이 되어 늙음과 죽음이 있게 된 것인가? 태어남[生]으로 말미암아 늙음과 죽음이 있다.
- 그렇다면 무엇으로 인해 태어나게[生] 되는가? 유(有 : 존재. 곧 業有이다. 업이 생존을 이끌어내는 원인이 되기 때문이다)로 말미암아 태어남이 있다.

- 무엇으로 인해 유有가 생겨나는가? 집착[取]으로 말미암아 유가 있게 된다.
- 무엇으로 인해 집착[取]이 생기는가? 애(愛 : 욕망·갈망)로 말미암아 집착이 생긴다.
- 무엇으로 인해 애愛가 생기는가? 감수작용[受]으로 말미암아 애가 생긴다.
- 무엇으로 인해 감수작용[受]이 생기는가? 접촉[觸]으로 말미암아 감수작용이 생긴다.
- 무엇으로 인해 접촉[觸]이 생기는가? 육입(六入 : 눈·귀·코 등 여섯 가지 감각기관)으로 말미암아 접촉이 생긴다.
- 무엇으로 인해 육입六入이 생기는가? 명색(名色 : 정신과 육체, 곧 나)으로 말미암아 육입이 생긴다.
- 무엇으로 인해 명색名色이 생기는가? 식(識 : 마음의 주체적인 식별능력)으로 말미암아 명색이 생긴다.
- 무엇으로 인해 식識이 생기는가? 행(行 : 충동적인 움직임. 마음의 동요)으로 말미암아 식이 생긴다.
- 무엇으로 인해 행行이 생기는가? 무명無明으

로 말미암아 행이 생긴다.

이와 같이 석가모니는 깊은 명상 속에서 늙음과 죽음의 발원지를 찾아 거슬러 올라갔고, 마침내 그곳에 무명無明이 있음을 발견합니다. 결국 무명이 사라지면 태어남도 늙음도 죽음의 괴로움도 없게 된다는 것을 깨달은 것입니다.

그리고 무명의 정체를 명백히 안 그 순간, 홀연히 깨달음을 얻어 부처님이 되셨습니다. 나고 죽음의 근본 종자인 무명無明의 고리가 끊어지면서, 진리 그 자체인 무상정등정각無上正等正覺을 성취하신 것입니다.

이후 부처님께서는 생사를 넘어서고 괴로움을 초월하는 법으로 십이인연十二因緣을 설하셨습니다.

- 무명無明으로 말미암아 행行이 생기고
- 행行으로 말미암아 식識이 생긴다.
- 식識으로 말미암아 명색名色이 생기고
- 명색名色으로 말미암아 육입六入이 생기며
- 육입六入으로 말미암아 촉觸이 생긴다.

- 촉觸으로 말미암아 수受가 생기고
- 수受로 말미암아 애愛가 생기며
- 애愛로 말미암아 취取가 생긴다.
- 취取로 말미암아 유有가 생기고
- 유有로 말미암아 생生이 생기며
- 생生으로 말미암아 노사老死를 비롯한 시름·슬픔·괴로움·두려움·번뇌 등이 생긴다.

십이인연법. 이 법은 석가모니를 부처님으로 변화시킨 진리입니다. 따라서 불교의 어떠한 교리보다도 중요한 위치를 차지하는 가르침일 수밖에 없습니다. 하지만 최고의 깨달음에 관한 법문이어서인지, 오히려 불경에서는 열두 가지 단어에 대한 분명한 정의를 내려놓고 있지 않아 공부하는 사람들을 혼돈스럽게 만들기도 합니다. 그러나 이 십이인연법이야말로 위없는 깨달음으로 들어가는 핵심법문이라는 것을 확실히 믿고 깊이 있게 공부해야만 합니다.

부처님께서도 이 십이인연을 한 순간에 깨닫고 만 것이 아닙니다. 석가모니는 부처가 되신 다음 7·7

일(49일) 동안 깨달음의 내용을 스스로 점검하셨는데, 그 첫 3주 동안 십이인연을 사색하고 점검하여 '법'으로 완성시켰습니다. 이 얼마나 소중한 십이인연법입니까?

그리고 2세기의 인도대승불교 중흥조인 용수龍樹보살의 『중관론 中觀論』을 보면, 불교 및 다른 종교의 거의 모든 가르침을 다양하게 비판하고 있으나, 십이인연법만은 비판 없이 그대로 채택하고 있습니다.

이토록 중요한 법을 현재 우리나라 불자들은 너무나 소홀히하고 있습니다. 꼭 알아야 할 법인데도 어렵다는 이유로, 난해하다는 이유로 공부를 하거나 명상을 하려 하지 않습니다. 그리고 대승불교가 아니라는 이유로 무시를 하고 있습니다.

간절히 청하옵건대, 이 열두 가지 인연의 연결고리만은 꼭 암기하십시오.

무명無明 → 행行 → 식識 → 명색名色
→ 육입六入 → 촉觸 → 수受 → 애愛
→ 취取 → 유有 → 생生 → 노사老死

그리고 이 열두 가지의 하나 하나에 간직된 뜻을 잘 새겨 명상을 하고 실생활에 응용해 보십시오. 참으로 나날이 깨달음을 얻을 것이요, 이 법을 깨닫고 설하신 부처님께 감사드리지 않을 수 없을 것입니다.

십이인연 열두 단어의 의미

이제 십이인연의 열두 단어에 간직된 뜻을 한 단어씩 조금 더 깊이 있게 풀이하여 이해를 돕고자 한다.

① **무명無明** : '어둡다'는 뜻의 무명은 무지無知로도 많이 해석합니다. 앞에서 잠깐 무명에 대한 설명을 하면서, '무명은 진리와 존재와 인간의 진상에 대한 밝음이 없는 상태이다. 바꾸어 말하면 진리와 존재와 인간의 진상에 대해 알지 못하는 무지無知를 무명이라 한다'고 정의하였습니다.

그렇다면 과연 무엇을 '모른다'는 것인가? 참으로 알아야 할 것은 무엇인가? 여러 경전에는 이를 근원적인 측면과 현상적인 측면으로 나누어 설명하고 있습니다.

본질적인 측면에서 볼 때 '스스로가 진여불성眞如佛性임을 모른다'는 것이요, 현상적인 측면에서 볼 때 '인연因緣과 무상無常과 무아無我임을 모른다'는 것입니다.

본질적인 측면에서 볼 때 우리는 진여불성의 존재입니다. 참되고〔眞〕 한결같은〔如〕 부처님〔佛〕의 본성〔性〕을 지니고 있건만, 그것을 잊은 채 살고 있으니 무명이요 무지의 존재일 수밖에 없습니다.

　현상적인 측면에서 볼 때 이 세계와 존재들은 인연에 의지하여 생겨났다가 사라지는 무상한 것이건만, 그 무상을 잊고 현실의 삶을 추구하니 어둠 속을 헤매게 될 수밖에 없습니다. 특히 '나'를 내세우고 '나'를 중심으로 살지만, 그 '나'가 본래부터 실체가 없는 무아無我라는 것을 모르기 때문에 깜깜한 무명의 상태에 빠져들 수밖에 없다는 것입니다.

　그러므로 이 '무명'이라는 단어 속에는 '진여불성의 존재임을 자각하라', '진여불성의 세계임을 자각하라'는 가르침이 담겨져 있습니다. 그리고 우리가 끝없이 변화하는 무상한 세계에서 인연 따라 살고 있으며, 궁극적으로는 그토록 소중히 여기고 있는 '나'가 원래 무아라는 것을 분명히 알아야 한다는 뜻이 간직되어 있습니다. 한 마디로 무명은 진리, 곧 법法을 모르기 때문에 밝지 못한 혼돈의 상태입니다.

② **행行** : 이 행은 행동을 하거나 일을 하는 등의 구체적인 움직임이 아닙니다. 그럼 이 행은 어떠한 움직임인가? 『대승기신론 大乘起信論』에서는 이를 '무명업상無明業相'이라 이름하고, "깨닫지 못하여 마음이 동요하는 상태이니, 마음이 동요하는 것을 업業이라 부른다."고 하였습니다.

곧 이 행行은 일종의 '잠재적인 충동력'입니다. 어둡기 때문에 벗어나고자 하는 잠재적인 충동력이 생겨나 마음이 동요하기 시작한다는 것입니다. 하지만 이 행은 적극적인 움직임이 아닙니다. 무명無明이 초동初動하는 상태, 마음의 동요가 시작되었음을 나타내는 단어입니다. 이에 대해 신라의 원효元曉대사는 『기신론소』를 통하여 말씀하셨습니다.

"이 동요는 매우 미세하며, 아직 주관과 객관이 나누어지기 이전의 상태다."

그러므로 무명의 잠재적인 충동력으로 인한 이 미세한 움직임(行)을 일반 사람들은 느낄 수가 없습니다. 비록 움직임이 시작되기는 하였으나 구체적으로 어떤 대상을 보거나 느끼는 것은 아닌 상태입니다. 곧 '나'의 주관적인 생각 없이 대상을 그냥 마주하는 것이 여기에 해당합니다.

③ **식識** : 이 식은 깊이 깨닫고 느끼며 인식하는 것이 아니라, '무엇이 있다'는 것을 아는 정도의 단계입니다. 무명의 잠재적인 충동력으로 '무엇을 보았다·무엇을 인식했다'는 것으로, 마음의 식별작용이 막 시작된 상태입니다.

따라서 아직까지는 대상이 내 마음에 또렷이 자리를 잡은 상태는 아닙니다. 내가 그냥 본 대상이 내 마음에 비춰지게 된 상태, 소리가 내 귀에 들어온 상태 정도로 파악하면 무리가 없습니다.

④ **명색名色** : 무명의 충동력이 굴러서 보고 듣고 냄새를 맡아 대상이 자리를 잡기 시작하면 비로소 또렷한 존재가 생겨납니다. 그 존재가 무엇인가? 바로 명색입니다.

명색名色을 그대로 풀이하면 '이름과 모양'입니

다. '이름과 모양'을 가진 최초의 존재. 그것이 무엇인가? 바로 '나'입니다. 우리가 '나'로 삼고 있는 스스로가 만들어낸 자아自我가 명색이라는 단어로 비로소 생겨나게 된 것입니다.

결국 원래는 '나'가 없었는데, 무명이 굴러 대상이 비쳐지게 된 다음에야 비로소 '자아'라는 것이 생겨나게된 것입니다. 그러나 이 자아는 무명 이전의 참된 '나'가 아닙니다. 무명이 만들어낸 거짓 '나', 얇은 막에 둘러싸인 거짓 '나'일 뿐입니다. 하지만 막을 두르고 나면 그 다음부터의 전개는 참으로 빨라지고 자기 중심적으로 바뀌기 시작합니다.

⑤ **육입**六入 : '나', 곧 명색이 자리를 잡게 되면 곧바로 구체적인 '너'가 생겨납니다. 따라서 주관과 객관, 주체와 대상이 갈라지게 되며, 바로 이때 자리를 잡게 되는 것이 육입입니다.

육입에는 두 종류가 있습니다. 첫째는 '나' 쪽의 내육입內六入이요, 둘째는 대상이 되는 외육입外六入입니다. 내육입은 눈·귀·코·혀·몸·뜻의 육근

六根이요, 외육입은 빛깔·소리·냄새·맛·촉감·법의 육경六境입니다. 곧 '나'라는 가아假我가 생겨날 때 '나'라는 감각기관과 '너'라는 대상이 또렷이 존립하게 되는 것입니다.

그리고 얇은 막에 둘러싸인 '나'가 '너'와의 구분을 분명히 두면 둘수록 '나'를 둘러싸는 막은 차츰 두터워집니다. 하지만 무명에서부터 육입이 생겨날 때까지는 스스로가 감지하지도 못하며, 별다른 문제도 생겨나지 않습니다. 문제는 ⑥ 촉觸부터 생겨나기 시작합니다.

⑥ **촉**觸 : 이제 내육입인 육근과 외육입인 육경이 또렷하게 생겨난 이상, 이 둘이 부딪히게 되는 것은 자연현상입니다. 눈으로 빛깔과 모양을 보고, 귀로 소리를 듣고, 코로 냄새를 맡고, 혀로 맛을 보고, 몸으로 감촉을 느끼고, 내 뜻으로 대상인 법을 헤아립니다. 이것이 촉, 곧 접촉입니다.

그런데 이 접촉부터가 문제입니다. 그냥 접촉하는 것이 아닙니다. 이미 생겨난 '나(我)'라는 주관을 가지고 대상인 '너'를 접촉합니다. 곧 '나'도 분명히 자각하지 못하는 나의 어리석음〔我癡〕·나의 편견〔我見〕·나에 대한 사랑〔我愛〕·나의 교만〔我慢〕을 마음 밑바닥에 깔고 대상을 접촉하는 것입니다.

이렇게 아치·아견·아애·아만을 가지고 접촉을 하게 되면 모든 것이 있는 그대로 보이지 않고, 있는 그대로를 보지 못하니 평등한 마음을 유지할 수 없게 됩니다.

그러나 이 때는 있는 그대로를 느끼는 것이 아닙니다. 아치·아견·아애·아만을 가지고 접촉을 하였으니 '나' 중심으로 느낄 수밖에 없습니다. 자연 '나'에게 맞으면 좋게〔好〕 느끼고, '나'에게 맞지 않으면 나쁘게〔惡〕 느끼며, '나'와 무관하면 무심하게〔平等〕 흘려버립니다.

⑦ **수受** : 수는 접촉에 의한 감수작용입니다. 좋게 느낀 것을 받아들일 때는 즐거워하고〔樂〕, 나쁘게 느낀 것을 받아들일 때는 괴로워하며〔苦〕, 평등한 것은 즐거움으로도 괴로움으로도 삼지 않습니다〔不苦不樂〕. 그리고 이 때 동시에 생겨나는 것이 범부의 마음 속 여섯 가지 모습인 탐욕〔貪〕·성냄

〔瞋〕·어리석음〔癡〕·교만〔慢〕·의심〔疑〕·고집〔見〕입니다.

이 세 가지 감수작용과 마음에서 일어나는 여섯 가지 모습에 대해서는 범부들도 능히 인식할 수 있으며, 이 다음부터의 전개는 매우 분명하게 모습을 드러냅니다.

⑧ **애愛** : 애는 사랑이다. 하지만 단순히 '좋다'고 느끼는 사랑이 아니라, 마음속으로 만들어낸 그 즐거움의 대상을 향해 목말라 하는 갈애渴愛입니다. 곧 '나'와 상대를 함께 살리는 사랑이 아니라 나와 상대를 동시에 그릇된 길로 몰아가는 사랑입니다. 그리고 증오도 여기에 해당합니다. '나'를 괴롭게 하는 대상에 대한 깊은 증오심이나 분노도 이 애의 단계에 속한다는 것을 잊지 말아야 합니다.

⑨ **취取** : 취는 바로 집착입니다. '마음속으로 꽉 잡는다. 어떻게 할 것인가를 결정한다'는 의미를 지니고 있습니다. 갈애에 빠지거나 증오심에 휩싸인 다음부터 행동으로 옮기기 전까지의 갖가지 번

뇌망상이 모두 이 취取 속에 포함되어 있는 것입니다.

⑩ 유有 : 이 유有에 대해서는 흔히들 '존재'라고 번역을 하지만, 보다 엄밀한 뜻에서 정의를 내리면 '집착에서 비롯된 업業'입니다. 곧 집착을 하여 마음속으로만 키워왔던 생각들을 말과 행동으로 옮기는 것이 유입니다.

이 유有를 무無와 반대되는 개념으로 파악하면 보다 이해하기가 쉬울 것입니다. 취까지는 마음속의 일이므로 무입니다. 구체적으로 나타난 것이 아닙니다. 그러나 이제 그 생각들을 행동으로 옮기게 되면 표면화됩니다. 표면화되어 나타난 것. 그것이 유有요, 그것을 불교에서는 업業이라 부르는 것입니다.

따라서 이 유의 단계에서 범부들은 좋고 나쁜 업을 짓습니다. 나쁜 쪽으로 구체적인 예를 들면, '살생 · 투도 · 사음 · 망어 · 악구 · 양설 · 기어'가 여기에 속합니다.

⑪ **생生** : 생은 태어남입니다. 무엇이 태어나는 것인가? 좁게 보면 이 몸이 태어난다고 볼 수 있습니다. 하지만 이제까지 흘러 내려온 십이인연법에서 보면 유형 무형의 업신業身, 곧 과보신果報身이 태어났음을 뜻합니다.

⑫ **노사老死** : 태어난 것은 반드시 죽음이 있기 마련입니다. 생겼으면 언젠가 사라집니다. 더욱이 우리는 업으로 태어났기에 업의 과보를 받으며 살아갑니다. 업의 과보를 받으며 병들고 늙고 걱정하고 고생하고 슬퍼하고 고뇌하며 살다가, 이 생에서의 과보가 다하면 또 다른 업의 세계를 향해 죽음이라는 이름으로 떠나가는 것입니다.

유전과 환멸

유전인연流轉因緣 · 환멸인연還滅因緣

 이제 부처님께서 설하신 십이인연법을 다시 한 번 외워봅시다. 우리가 생사의 고苦를 받는 까닭을 생각하면서 ….

- 무명無明으로 말미암아 행行이 생기고
- 행行으로 말미암아 식識이 생긴다.
- 식識으로 말미암아 명색名色이 생기고
- 명색名色으로 말미암아 육입六入이 생기며
- 육입六入으로 말미암아 촉觸이 생긴다.
- 촉觸으로 말미암아 수受가 생기고

- 수受로 말미암아 애愛가 생기며
- 애愛로 말미암아 취取가 생긴다.
- 취取로 말미암아 유有가 생기고
- 유有로 말미암아 생生이 생기며
- 생生으로 말미암아 노사老死를 비롯한 시름·슬픔·괴로움·두려움·번뇌 등이 생긴다.

이상의 열두 가지, 곧 '무명 → 행 → 식 → 명색 → 육입 → 촉 → 수 → 애 → 취 → 유 → 생 → 노사'로 흘러가는 과정을 '유전인연流轉因緣'이라 합니다. 무명에서부터 생사에 이르기까지 흘러가고 굴러내려 가는 인연이라는 것입니다. 이것이 바로 타락의 인연입니다.

어둡기 때문에, 무지하기 때문에 구르기 시작하여 어느덧 '나'라는 거짓 명색에 사로잡히고, '나' 중심으로 모든 것을 분별하고 받아들여 '나'의 즐거움을 성취하겠다며 갖가지 업을 지었으니, 결국 고苦라는 과보를 받으며 살 수밖에 없다는 것이 유전인연입니다.

곧 고와 불행과 타락의 삶에 대해 설명한 것이

'연기법緣起法'이요 유전인연법입니다. 따라서 무명으로 살고 '나'를 내세우며 살고 갈애를 좇아 살고 집착하며 살면, 반드시 힘들고 반드시 불행해질 수밖에 없습니다. 당장에는 즐겁고 행복하게 느껴질지 몰라도 필경에는 괴로운 과보에 몸과 마음을 내맡겨야 합니다.

그럼 어떻게 해야 흘러 내려가지 않고 복되고 향상된 삶을 살게 되는가? 바로 십이인연의 맺힌 고리를 끊어 가면 됩니다. 원인이 되는 이것이 끊어지면 다음에 생겨날 저것 또한 끊어지기 때문입니다.

부처님께서는 이를 연을 멸한다는 뜻에서 '연멸緣滅'이라 하셨고, 멸하여 되돌아 간다는 뜻에서 '환멸인연還滅因緣'이라 하셨다. 그리고 다음과 같이 설하셨습니다.

- 무명無明이 멸하면 행行이 멸하고
- 행行이 멸하면 식識이 멸한다.
- 식識이 멸하면 명색名色이 멸하고
- 명색名色이 멸하면 육입六入이 멸하며
- 육입六入이 멸하면 촉觸이 멸한다.

- 촉觸이 멸하면 수受가 멸하고
- 수受가 멸하면 애愛가 멸하며
- 애愛가 멸하면 취取가 멸한다.
- 취取가 멸하면 유有가 멸하고
- 유有가 멸하면 생生이 멸하며
- 생生이 멸하면 노사老死를 비롯한 시름·슬픔·괴로움·두려움·번뇌 등이 멸하느니라.

이 환멸인연법은 무명無明 이전의 본래 자리, 밝디 밝은 진여불성眞如佛性의 본래 자리로 돌아가는 법입니다. 바꾸어 말하면 완전히 멸하여 고요하기 그지없는 적멸寂滅의 보궁, 곧 열반涅槃에 이르는 방법이요 부처님이 되는 법입니다. 그런데 어떤 이들은 이 법을 접하면서 스스로 겁을 먹습니다.

'나와 같은 범부가 어떻게 부처가 될 수 있을까?'

그러나 아닙니다. 만약 범부인 우리가 깨달음과 향상을 하지 못하는 존재라면 부처님께서는 성불하신 다음 곧바로 열반에 드셨을 것입니다. 하지만 곧바로 열반에 들지 않았습니다. 연기緣起와 연멸緣滅의 법을 체득하면 어느 누구라도 무명 이전의 상태로 돌아갈 수 있다는 것을 확신하셨기 때문입니다.

이제 자세히 이 십이인연의 환멸인연법還滅因緣法을 살펴보십시오. 그리고 멸할 것을 멸하여 보십시오. 그렇다고 하여 현재 우리의 눈에 전혀 감지되지 않는 무명이나 행·식 등을 당장 없애라는 것은 아닙니다.

적어도 우리는 갈애〔愛〕·집착〔取〕·악업〔有〕 등은 자각할 수 있습니다. 나쁜 짓을 하지 않고자 노력하고, 집착을 끊고자 노력하고, 갈애를 잠재우고자 노력하는 것 자체가 환멸의 삶, 향상의 삶을 이루는 방법이라는 것을 잘 알고 있지 않습니까?

그리고 한 단계 더 나아가 명색名色·육입六入·촉觸·수受의 과정에서 보여지고 있는 자기중심적인 '나'나 이기적인 '나'를 관찰하고자 하고, 그 '나'에 실체가 없다는 것을 관하게 되면 보살의 지위에 올라서게 됩니다. 이렇게 무아를 깨닫고 본래가 진여불성임을 자각하게 되면 무명이 저절로 사라지게 되는 것입니다.

자, 이제 스스로에게 물어보십시오. 어차피 인연으로 살아야 할 삶! 환멸인연으로 살 것입니까? 유전인연으로 살 것입니까? 당연히 환멸인연을 추구할 것이라 믿습니다.

물론 흘러 내려가는 마음 따라, 주변의 유혹을 따라 사는 유전流轉의 삶보다는 근원을 찾아 마음을 단속하고 유혹을 따르지 않는 환멸還滅의 삶이 어렵다는 것은 너무도 당연합니다.

그러나 유전의 삶은 유전할수록 괴롭고, 환멸의 삶은 환멸할수록 평안하고 환희롭습니다. 어찌 잠시의 쉬움을 좇아 큰 비극을 안을 것입니까? 어찌 순간의 마음단속을 내팽개쳐서 행복을 포기할 것입니까?

'나'를 살피고 깨우치는 십이인연법

무명無明 → 행行 → 식識 → 명색名色
→ 육입六入 → 촉觸 → 수受 → 애愛
→ 취取 → 유有 → 생生 → 노사老死

흔히들 십이인연법은 부처님께서 생사의 괴로움을 벗어버릴 때 관찰한 해탈법문이라 생각할 뿐, 우리의 현실적인 삶과 밀접한 관련을 두고자 하지 않습니다. 그러나 아닙니다. 이 십이인연법 속에는 현실의 괴로운 삶을 복된 삶으로 바꾸는 비결이 간직되어 있습니다.

어찌하여 그러한가? 바로 괴로운 삶의 근원을 살피게 하고, 마음의 움직임을 살피게 하여 타락이 아닌 향상의 길, 유전流轉이 아닌 환멸還滅의 길로 나아가게 하기 때문입니다.

우리 불자들이 이 십이인연법을 모두 꿰고 있지 못할지라도, '애 → 취 → 유'의 과정만은 깊이 돌아볼 줄 알아야 합니다.

내 마음에 맞는 것을 좋아하고 사랑하는 애愛.

좋아하고 사랑하는 것에 대해 번뇌하고 집착하는 취取.

그리고 집착에 못이겨 악업을 짓는 유有.

이 '애 → 취 → 유'의 과정으로 인해 우리는 과보를 받습니다. 생로병사 등의 과보를 받습니다.

그런데 이 '애 → 취 → 유'의 과정을 겪어 고달픈 과보를 받는 것만으로 모든 것이 끝나지 않습니다. '애 → 취 → 유'의 과정을 거치는 그 자체는 다시 명색 등의 '나'에 대한 생각을 북돋아 너와 나라는 분별을 심화시키고, 무명을 더욱 짙게 만들어 버린다는 것입니다.

'나'의 벽이 두터워지고 무명이 더 짙어지면 어떻게 됩니까? 무명의 충동적인 행行은 더욱 심하게 요동치고, 어둠 속을 걷는 '나'는 더욱 갈팡질팡 할 수밖에 없으며, '나'는 '나'의 보호본능에 휩싸여 이기적인 벽을 더욱 두텁게 쌓여버립니다.

그러므로 우리는 십이인연법의 '애 → 취 → 유' 만이라도 잘 살피고 스스로의 상태를 돌아보아야 합니다. 마음에 맞고 사랑스러운 것이라 하여 무조건 좇아가서는 안됩니다. 좋고 사랑스러운 것이라

하여 함부로 집착하면 안됩니다. 집착하면 악업(有)으로 나아가기 십상입니다. 왜냐하면 집착을 하게 되면 이미 있는 그대로가 보이지 않기 때문입니다. 있는 그대로가 보이지 않기 때문에 바른 업을 짓기가 쉽지 않은 것입니다.

그럼 어떻게 하여야 있는 그대로를 볼 수 있고 바른 업을 지을 수 있는가? 적어도 집착을 놓아버릴 줄 알아야 합니다.

상대를 버리라는 것이 아닙니다. 내 마음의 집착을 버리라는 것입니다. 그래서 부처님께서는 끊임없이 '집착을 놓아라'고 하셨습니다. '불타는 갈애渴愛를 식혀라'고 하셨습니다. 이 불교의 핵심적인 가르침이 바로 십이인연법에서 나온 것입니다. 갈애를 식히고 집착을 놓을 때 우리는 청량을 얻고 있는 그대로를 볼 수 있는 눈을 뜨게 됩니다.

이렇게 '나'의 생각과 '나'의 행동에 대한 집착을 비우며 차츰 닦아가게 되면 홀연히 '나'가 본래 없음을 깨닫는 무아無我의 이치를 증득하게 되고, 마침내 인생살이가 캄캄한 무명의 길이 아닌 지혜의 길로 바뀌게 됩니다. 부처님과 같은 대해탈을 이루게 되는 것입니다.

　이미 일어난 현상, 이미 주어진 '나'의 자리를 탓할 것이 아닙니다. 그리고 지금 당장 십이인연법 모두를 꿰뚫으라는 것도 아닙니다.

　하지만 '애 → 취 → 유'의 흐름만은 끊고자 노력해 보십시오. 이기적인 사랑, 이기적인 집착, 이기적인 행위만은 하지 않고자 노력해 보십시오. 그렇게 할 때 우리는 물길을 타고 거슬러 올라가 근원에 도달할 수 있습니다. 지극한 행복에 도달할 수 있습니다.

　부처님께서 그토록 무아無我를 강조하고 공空을 강조하게 된 근거는 바로 이 십이인연법에 있습니다. 그리고 십이인연법 아래 무아와 공을 체득하여 참되게 살고 행복하게 살라고 하신 까닭은 중생의 괴로운 삶을 해탈케하기 위함이셨습니다. 어찌 불자인 우리가 이 십이인연법을 가벼이 여길 수 있겠습니까?

　거듭 바라건대, 무명까지는 아니라도 좋습니다. 무아까지는 아니라도 좋습니다. '애 → 취 → 유'의 흐름만은 끊고자 하십시오. '나' 중심의 사랑에서 벗어나고, 고집스런 '나'의 집착을 놓고자 하십시오. 이것만 되어도 능히 부처님의 법과 자비에 보답하는 불자가 될 수 있습니다.

 부디 이 십이인연법을 마음에 잘 새겨 향상의 길을 열고 행복의 세계를 열어 무명 이전의 본래면목을 증득하시기 바랍니다.

기도 및 영가천도의 지침서

광명진언 기도법 / 일타스님·김현준   신국판 176쪽 6,000원
광명진언 기도를 널리 펴고자 일타스님과 김현준 원장이 함께 저술한 책. 광명진언 속에 새겨진 참의미와 바른 기도법, 빠른 기도성취법 등을 자상하게 설하고, 유형별 기도성취 영험담을 다양하게 수록하였으며, 누구나 보기 쉽도록 큰활자로 발간하였습니다. 광명진언을 외우면 행복과 평화, 영가천도, 소원성취를 이룰 수 있습니다.

생활 속의 기도법 / 일타스님   신국판 160쪽 6,000원
불교계 최대의 베스트셀러! 일상생활에서 누구나 처할 수 있는 여러 가지 상황에 따른 구체적인 기도방법에서부터 특별기도성취법·영가천도기도법·기도할 때 지녀야 할 마음가짐까지, 자상한 문체로 예화를 섞어 쉽고 재미있게 엮었습니다.

기도 / 일타스님   신국판 240쪽 9,000원
총 6장 52편의 다양한 기도 영험담으로 엮어진 이 책을 읽다보면 기도를 통해 틀림없이 부처님의 가피를 입을 수 있음을 확신할 수 있게 되고, 올바른 기도법과 함께 기도성취의 지름길을 알 수 있게 됩니다.

기도성취 백팔문답 / 김현준   신국판 240쪽 9,000원
기도에 대한 정의·기도와 믿음·업장소멸의 방법·꾸준한 기도의 효험·원을 세우는 법·축원법·각종 기도가피와 기도성취의 시기·성취를 위한 하심법下心法 등 기도에 관한 궁금증들을 문답형식으로 자상하게 풀이하였습니다.

참회와 사랑의 기도법 / 김현준   신국판 192쪽 7,000원
총 84가지 문답을 통하여 참회의 정의에서부터 참회기도를 해야하는 까닭, 절을 통한 참회법·염불참회법·주력참회법·가족을 향한 참회법, 기도 축원의 구체적인 내용 및 자비의 기도가 갖는 효과, '백중과 영가천도'등에 대해 아주 상세하게 설명하고 있습니다.

참회·참회기도법 / 김현준   신국판 160쪽 6,000원
참회의 참된 의미, 절·염불을 통한 참회법, 참회인의 마음가짐, 이참법 등을 영험담들과 함께 감동 깊게 엮은 책으로, 참회를 통해 행복하고 자유로운 삶을 사는 방법을 열어주고 있습니다.

불교의 자녀사랑 기도법 / 김현준   신국판 160쪽 6,000원
사랑하는 자녀들을 가장 잘 사랑할 수 있는 방법을 부처님의 가르침에 의지하여 정립하고 생활화한 책입니다. 이 책의 가르침을 따라 자녀를 사랑하고 기도해보십시오. 우리의 자녀들이 뜻하는 바 소원을 성취하고, 행복과 평화를 누릴 수 있게 될 것입니다. 부록으로 부모님께 효도하여야 하는 까닭과 방법도 수록하였습니다.

신묘장구대다라니 기도법 / 우룡스님·김현준   신국판 208쪽 7,000원
신묘장구대다라니를 외우면 생겨나는 가피와 공덕, 기도의 방법과 주의할 점, 우룡스님이 들려주는 14편의 영험담, 대다라니의 근본경전인『무애대비심다라니경』을 수록하고 있는 이 책을 읽고 자신있게 기도하면 심중소원의 성취와 기적같은 체험도 할 수 있습니다.

기도 성취의 지름길 / 우룡스님   4×6판 160쪽 5,000원
가족을 위한 기도와 기도 성취의 원리에 초점을 맞춘 감동적인 기도법문입니다. 제1부「가족 행복을 위한 기도」에서는 가족을 향한 참회와 절의 필요성, 3배 기도의 큰 영험에 대해 일러주고 있으며, 제2부「빠른 기도 성취의 길」에서는 믿음과 정성이 뒤따라야 기도 성취를 잘할 수 있고, 기도의 고비를 잘 넘겨야 능히 행복과 대해탈의 문이 열린다는 것을 많은 이야기를 곁들여 설하고 있습니다.

기도 이야기 / 우룡스님   신국판 204쪽 7,000원
"스님, 기도로 소원을 성취할 수 있습니까?" 총 6장 45편의, 참으로 재미있는 기도성취 영험담이 수록된 이 책을 읽고 기도를 하면, 불보살님과 통하는 감응의 길이 열리면서 심중소원을 빨리 성취하게 됩니다. 또한 이야기 끝에 붙인 큰스님의 해설은 기도의 방법을 쉽게 터득할 수 있도록 이끌어줍니다.

영가천도 / 우룡스님   신국판 160쪽 6,000원
영가의 장애를 느끼십니까? 돌아가신 영가를 영가를 제대로 천도해 드리지 못했습니까? 영가천도의 필요성과 기본자세, 염불·독경·사경을 통한 영가천도, 49재, 낙태아 천도 등 영가천도에 관한 궁금증 및 천도의 방법을 우룡스님의 자세한 법문으로 풀어드립니다.

미타신앙·미타기도법 / 김현준   신국판 160쪽 6,000원
아미타불의 참 모습에서부터 극락에서 누리는 행복, 칭명염불·오회염불·관상염불·천도염불 등의 각종 염불수행법과 함께 임종하는 이를 위한 의식과 49재 기간의 행법 등을 자세히 밝히고 있습니다.

관음신앙·관음기도법 / 김현준   신국판 240쪽 9,000원
관세음보살의 구원 능력, 주요 경전 속의 관음관, 11면관음·천수관음·32응신·33관음 등 자비관음의 여러 가지 모습, 일심칭명 일념염불의 관음기도법, 독경 사경 기도법, 다라니 염송 기도법 등을 자세하고도 알기 쉽게 풀이하였습니다.

지장신앙·지장기도법 / 김현준   신국판 192쪽 7,000원
지장신앙 속에는 영가천도뿐만이 아니라 현세에서의 행복과 깨달음, 성불의 비결까지 간직되어 있습니다. 이러한 지장신앙의 여러 측면과 함께 생활 속에서 할 수 있는 지장기도법을 자세히 밝혀놓았습니다.

많이 찾는 기도 독송용 경전

한글『법화경』과『법화경 한글사경』

불교 최고 경전인 법화경! 이 경을 독송하고 사경해 보십시오.
소원성취는 물론 깨달음과 경제적인 풍요까지 안겨줍니다.

법화경 (독송용) 김현준 역　　4×6배판　총22,000원
전3책　제1·2책 176쪽 7,000원 제3책 192쪽 8,000원

법화경 한글사경 김현준 역　4×6배판　총 25,000원
전5책　각권 120쪽 내외 권당 5,000원

지장경 김현준 편역　　　　　　　　　　4×6배판　208쪽　8,000원

이 책은 지장기도를 하는 분들을 위해　① 지장경을 처음부터 끝까지 1번 독송,
② '나무지장보살'을 천번염송,　③ 지장보살예찬문을 외우며 158배,
④ '지장보살' 천번 염송의 4부로 나누어 특별히 만들었습니다.
　지장경 독경 및 지장보살예참과 염불을 할 때, 각 장 앞에 제시된 기도법에 따라 기도를 하면, 영가천도·업장소멸·소원성취·향상된 삶을 이룩할 수 있습니다.

자비도량참법 / 김현준 역　　　　　양장본　528쪽　25,000원

참되이 참회하시기를 원하십니까? 자비도량참법 기도를 하면 나의 허물과 죄업의 참회에서 시작하여 부모 스승 친척 등 육도 속을 윤회하는 온 법계 중생의 업장과 무명까지 모두 소멸시켜주며, 자비가 충만해지고 환희심이 넘쳐나게 됩니다.

원각경 / 김현준 편역　　　　　　　　4×6배판　192쪽　8,000원

한국불교의 근본 경전인 원각경을 수십 차례 번역·수정·윤문하여 쉽게 이해할 수 있도록 하였습니다. 한글과 원문을 바로 옆에 두어 대조하며 읽을 수 있습니다.

유마경 / 김현준 역　　　　　　　　　4×6배판　296쪽　12,000원

보살의 병, 불도란 어떤 것인가? 깨달음의 세계로 들어가는 불이법문, 참된 불국토를 건설하는 방법 등등 매우 소중한 가르침들을 가득 담고 있는 이 경을 읽다보면 마음이 탁 트입니다.

승만경 / 김현준 편역　　　　　　　　4×6배판　144쪽　6,000원

여인의 성불 수기와 함께 승만부인의 서원, 정법·번뇌·법신·일승·사성제·자성청정심·여래장사상 등을 분명히 밝힌 보배로운 경전입니다.(한글 한문 대조본)

보현행원품 / 김현준 편역　　　　　　4×6배판　112쪽　5,000원

행원품과 예불대참회문을 함께 실어 독경 후 행원품에 근거한 정통 108배를 행할 수 있도록 만들었으며, 독송 방법과 대참회의 의미 등도 상세히 설명하였습니다.

밀린다왕문경 / 김현준 편역　　　　　신국판　204쪽　7,000원

그리스 왕인 밀린다와 불교 승려인 나가세나가 인생과 불교에 대해 대론한 것을 정리한 경전. 윤회·업·수행·지혜·해탈 등에 대한 조리정연한 번역이 신심을 더욱 불러일으킵니다.

● 아름다운 우리말 경전 시리즈 ●
〈가지고 다니면서 틈틈이 읽게 되면 독송과 기도에 큰 도움이 됩니다〉

금강경 / 우룡스님 역   국반판 100쪽 2,500원
'금강경을 우리말로 보급하겠다'는 원력에 의해 제작된 책.

관음경 / 우룡스님 역   국반판 100쪽 2,500원
관음경의 번역과 함께 관음기도와 염불법에 대해 자세히 설한 책.

보현행원품 / 김현준 편역   국반판 100쪽 2,500원
보현보살의 십대원을 설하여 참된 보살의 길로 이끌어주는 책.

약사경 / 김현준 편역   국반판 100쪽 2,500원
한글 번역과 함께 약사기도법과 약사염불법에 대해 자세히 설한 있는 책.

지장경 / 김현준 편역   국반판 196쪽 4,000원
편안한 번역으로 쉽게 이해할 수 있도록 하였으며, 기도법도 자세히 수록한 책.

부모은중경 / 김현준 역   국반판 100쪽 2,500원
부모님의 은혜를 느끼며 기도를 할 수 있게 엮은 책.

초발심자경문 / 일타스님 역   국반판 100쪽 2,500원
신심을 굳건히 하고 수행에 대한 마음을 불러일으키게끔 하는 책.

법요집 / 불교신행연구원 편   국반판 100쪽 2,500원
법회와 수행 시에 필요한 각종 의식문, 좋은 몇 편의 글들을 수록한 책.

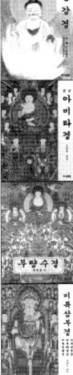

금강경 / 우룡스님 역   4×6배판 112쪽 4,500원
책 크기만큼 글씨도 크게 하고 한자 원문도 수록하였으며, 독송에 관한 법문도 첨부하였습니다. 사찰 및 가정에서의 독송용으로 매우 좋습니다.

아미타경 / 김현준 편역   4×6배판 92쪽 3,500원
아주 큰 활자 번역본으로, 독경 및 '나무아미타불' 염불 방법을 함께 실었습니다. 사찰에서 대중이 함께 독송할 때 또는 집에서 독송할 때 매우 유용합니다.

무량수경 / 김현준 역   4×6배판 176쪽 7,000원
아미타불은 어떠한 분이며, 극락의 장엄과 멋과 행복은 어떠한가? 극락에 왕생하려면 현생에서 어떻게 닦아야 하는가를 자세하게 설하고 있어, 독송을 하면 신심이 깊어집니다.

미륵삼부경 / 김현준 역   4×6배판 160쪽 7,000원
미륵보살을 믿고 덕을 닦으면, 도솔천에 태어나(상생) 행복하게 살다가 미래에 이 세상에 내려와(하생), 성인의 깨달음을 얻게 된다(성불)는 것을 자세하게 설하고 있습니다.

약사경 / 김현준 편역   4×6배판 100쪽 4,000원
아주 큰 활자로 약사경 한글 번역본을 만들었습니다. 약사경 독경 방법 및 약사염불법도 함께 실어 기도에 도움이 되도록 하였습니다.

관음경 / 우룡스님 역   4×6배판 96쪽 4,000원
커다란 글씨의 관음경 해설과 함께 관음경의 원문과 독송법, 관음 염불 방법 등을 수록하여 관음경의 가르침을 쉽게 이해하도록 하였습니다.

천지팔양신주경 / 김현준 역   4×6배판 96쪽 4,000원
건축·결혼·출산·사업·죽음 등 평생의 삶 중에서 중요한 때마다 이 경을 3~7번 독송하면 크게 길하고 이롭고 장수하고 복덕을 갖추게 된다고 합니다.

알기 쉬운 경전 해설서

생활 속의 반야심경 / 김현준　　　　　　　　　　신국판　240쪽　9,000원
공空의 의미, 모든 괴로움의 원인과 괴로움에서 벗어나는 방법, 색즉시공 공즉시색의 참 뜻, 걸림 없고 진실불허한 삶을 이루는 방법 등을 반야심경의 경문을 따라 쉽고 상세하고 재미있게 풀이하고 있습니다.

화엄경 약찬게 풀이 / 김현준　　　　　　　　　　신국판　216쪽　8,000원
불자들이 자주 독송하는 화엄경약찬게! 화엄경약찬게를 그냥 읽으면 참으로 어렵고 무슨 내용인지 알 수 없지만 이 풀이를 본 다음에 읽으면 약찬게를 명확히 파악할 수 있게 될 뿐 아니라 화엄경의 내용까지 꿰뚫어 환희심이 샘솟고 대화엄의 세계에서 노닐 수 있게 됩니다.

생활 속의 천수경 (개정판) / 김현준　　　　　　　신국판　240쪽　9,000원
천수관음이 출현하신 까닭, 천수관음을 청하는 법과 가피를 얻는 법, 신묘장구대다라니의 풀이와 공덕, 찬탄의 공덕과 참회성취의 비결, 준제기도 및 주요 진언 속에 깃든 의미, 여래십대발원문 사홍서원 삼귀의 의미 등을 상세히 풀이하였습니다.

생활 속의 금강경 / 우룡스님　　　　　　　　　　신국판　304쪽　10,000원
금강경의 심오한 내용을 알기 쉽게 풀이하고 일상생활과 접목시켜 강설함으로써 삶의 현장에서 금강경의 가르침을 능히 응용할 수 있도록 하였고, 감동을 주는 일화들을 많이 삽입하여 재미를 더해주고 있습니다.

생활 속의 관음경 / 우룡스님　　　　　　　　　　신국판　240쪽　9,000원
관세음보살보문품인 관음경을 통하여 관세음보살의 본질, 일심칭명과 재난 소멸법, 공경예배와 소원 성취법, 관세음보살을 관하는 법 등에 대해 여러 가지 영험담과 함께 감동적으로 풀이하고 있습니다.

생활 속의 보왕삼매론 / 김현준　　　　　　　　　신국판　240쪽　9,000원
『보왕삼매론』을 해설한 이 책은 병고 해탈, 고난 퇴치, 마음공부와 마장 극복, 일의 성취, 참사랑의 원리, 인연 다스리기, 공덕 쌓는 법, 이익과 부귀, 억울함의 승화 등 누구나 인생살이에서 겪게 되는 장애들을 속 시원하게 뚫어주고 있습니다.

천지팔양신주경 사경 (1책으로 3번 사경)　　　　4×6배판　112쪽　5,000원
옛부터 건축·결혼·출산·사업·죽음 등 평생의 삶 중에서 중요한 때마다 읽고 쓰면 크게 길하고 이롭고 장수하고 복덕을 갖추게 된다고 전해지고 있습니다.

부모은중경 사경 (1책으로 3번 사경)　　　　　　4×6배판　112쪽　5,000원
부처님께서는 부모님의 은혜를 새기면서 이 경을 쓰게 되면 그 어떤 행보다 큰 공덕이 생겨난다고 하였습니다. 정성 들여 사경하면 뜻하는 바가 이루어집니다.

보왕삼매론 사경 (1책으로 50번 사경)　　　　　4×6배판　120쪽　5,000원
보왕삼매론을 사경하면 재앙이 소멸됨은 물론이요 생활 속의 걸림돌이 디딤돌로 바뀌고 고난이 사라져 하루하루가 편안해집니다.

보현행원품 한글사경 (1책으로 3번 사경)　　　　4×6배판　120쪽　5,000원
행원품을 사경하면 자리이타의 삶과 업장 참회, 신통·지혜·복덕·자비 등을 빨리 이룰 수 있고 세세생생 불법과 함께하며 보살도를 성취할 수 있습니다.

약사경 한글사경 (1책으로 3번 사경)　　　　　　4×6배판　112쪽　4,000원
약사경을 사경하면 약사여래의 가피가 저절로 찾아들어, 병환의 쾌차, 집안 평안, 업장소멸을 비롯한 갖가지 소원을 쉽게 성취할 수 있습니다.

영험 크고 성취 빠른 각종 사경집 (책 크기 4×6배판)

광명진언 사경 (가로쓰기:1080번 사경) 128쪽 5,000원
광명진언 사경 (세로쓰기:1080번 사경) 128쪽 5,000원
눈으로 보고 입으로 외우고 손으로 쓰고 마음으로 새기는 광명진언 사경은 크나큰 성취를 안겨줍니다.

금강경 한글사경 (1책으로 3번 사경) 144쪽 6,000원
금강경 한문사경 (1책으로 3번 사경) 144쪽 6,000원
금강경 한문한글사경 (1책으로 1번 사경) 100쪽 4,000원
요긴하고 으뜸된 경전인 금강경을 사경해 보십시오. 업장소멸과 함께 크나큰 깨달음과 좋은 일들이 저절로 다가옵니다.

아미타경 한글사경 (1책으로 7번 사경) 116쪽 5,000원
살아 생전 또는 부모나 가까운 분이 돌아가셨을 때 이 경을 쓰면 극락왕생이 참으로 가까워집니다.

반야심경 한글사경 (1책으로 50번 사경) 116쪽 5,000원
반야심경 한문사경 (1책으로 50번 사경) 116쪽 5,000원
반야심경을 사경하면 호법신장이 '나'를 지켜주고, 공의 도리를 깨달아 평화롭고 안정된 삶이 함께 합니다.

신묘장구대다라니 사경 (50번 사경) 116쪽 5,000원
대다라니를 사경하면 관세음보살님과 호법신장들이 '나'와 주위를 지켜주고 소원성취와 동시에, 행복하고 자비심 가득한 마음을 가질 수 있도록 해줍니다.

천수경 한글사경 (1책으로 7번 사경) 112쪽 5,000원
천수경을 사경하고 독송하면 천수관음의 가피가 저절로 찾아들어, 업장 및 고난의 소멸과 갖가지 소원을 쉽게 성취할 수 있습니다.

관음경 한글사경 (1책으로 5번 사경) 112쪽 5,000원
관음경을 사경하면 늘 행복이 함께하며, 학업성취·건강쾌유·자녀의 성공·경제문제 등에도 영험이 매우 큽니다.

지장경 한글사경 (1책으로 1번 사경) 144쪽 6,000원
지장경을 사경하고 독송하면 영가천도는 물론이요, 각종 장애가 저절로 사라지고 심중의 소원이 성취됩니다.

아미타불 명호사경 (1책으로 5,400번 사경) 160쪽 6,000원
'나무아미타불'과 '아미타불'을 오회염불법에 따라 외우고 쓰는 특별한 명호사경집입니다. 집중력을 더하여, 심중 소원 성취에 큰 도움을 줍니다.

관세음보살 명호사경 (1책으로 5천4백번 사경)
지장보살 명호사경 (1책으로 5천번 사경) 각 권 108쪽 5,000원
'관세음보살'이나 '지장보살'의 명호를 쓰면서 입으로 외우고 마음에 새기면, 관세음보살님과 지장보살님의 가피를 입어 몸과 마음이 큰 변화를 이루고, 마음속의 원을 능히 성취할 수 있습니다.

일타큰스님의 스테디셀러

윤회와 인과응보 이야기   신국판 240쪽 9,000원
"죽음 뒤의 세상, 인간은 과연 윤회하는 존재인가?" 내가 지은 업은 어떻게 전개될 것인가? 이러한 의문의 해답을 일러주고자 총 49가지 이야기로 엮은 이 책을 읽다 보면 윤회와 인과응보에 대한 해답을 명확하게 얻을 수 있게 됩니다.

부드러운 말 한마디 미묘한 향이로다   신국판 240쪽 9,000원
일타스님 대표 법문집. 삶의 이유, 복된 삶 이루는 방법, 보시와 지계, 도 닦는 법, 지혜성취법 등의 맑고 주옥같은 법문을 수록하여 읽는 이들에게 행복의 세계로 향하는 문을 열어주고 있습니다.

불자의 마음가짐과 수행법   신국판 192쪽 7,000원
불자들이 큰 행복과 대자유를 얻기 위해서는 어떠한 마음가짐으로 살아야 하며, 참선·염불·간경·주력의 불교 4대 수행법을 어떻게 닦아야 하는가를 갖가지 비유를 들어 자상하게 설하고 있습니다.

오계이야기   신국판 160쪽 6,000원
살생·투도·사음·망어의 근본 4계에 불음주계를 합한 5계에 대한 법문집. 재미있는 일화를 들어 각 계율의 연원과 지키는 방법, 계율을 범했을 때의 과보 등을 자세히 설했습니다. 복된 불자의 길로 나아가게 하는 불자의 필독서입니다.

범망경 보살계   신국판 508쪽 17,000원
십중대계와 48경계로 이루어진 보살계를 명쾌하고도 간절하게 풀이한 이 책을 읽다 보면 어둔 밤에 밝은 등불을 만난 것과 같은 환희심과 함께 참된 불자의 길을 알 수 있게 됩니다.

육조단경 (덕이본德異本) 증보개정판 / 김현준 역   4X6배판 208쪽 8,000원
육조 혜능대사께서 설한 선종의 근본 경전으로, 인간의 참된 본성을 보게 하여 마음을 치유하고 깨달음을 열어줍니다. 계속 정독하면 영성이 깨어나고 대자유인이 될 수 있습니다. 증보개정판을 내면서 한글 번역 옆에 한자 원문을 붙여 뜻을 잘 이해할 수 있도록 하였으며, 글씨를 조금 더 크고 뚜렷하게 하여 읽기 좋도록 하였습니다.

선가귀감 / 서산대사 저 김현준 역   4X6배판 136쪽 6,000원
조선시대 최고의 고승인 서산대사께서 선禪에 대한 다양한 가르침을 중심에 두고 참회·염불·계율·육바라밀·도인의 삶 등을 간절하게 설하여 불자들의 신심과 정진에 큰 도움을 주는 소중한 책입니다. 읽으면 읽을수록 쾌락함과 깊은 맛을 느낄 수 있습니다.
(한글 한문 대조본)

우룡큰스님의 스테디셀러

불교신행의 주춧돌 / 우룡스님　　　　　　신국판　240쪽　9,000원

신행생활 속에서 자주 겪게 되는 시행착오를 미리 피하고, 올바른 정진을 하여 깨달음의 세계로 나아가는데 꼭 필요한 마음가짐과 신행방법 등을 자상한 문체와 일화들로 알기 쉽게 엮었습니다.

정성 성誠이 부처입니다 / 우룡스님　　　　　신국판　240쪽　9,000원

'정성 성'이 부처요, 모든 것이 부처님 하는 일. 대우주와 하나되는 삶, 마음 단속과 마음 열기, 마음 다스리기, 번뇌와 업장을 비우는 방법 등을 쉽게 일러주고 있습니다.

불자의 행복 찾기 / 우룡스님　　　　　　　신국판　190쪽　7,000원

우룡스님 설법의 결정판. ① 복 받기를 원하거든 ② 보시로 이루는 큰 복 ③ 아상과 무주상 ④ 행복과 기도의 총 4장으로 나누어져 있는 이 책을 읽다 보면 복 짓고 복 쌓고 복 받는 방법과 원리를 저절로 터득할 수 있게 됩니다.

신심으로 여는 행복 / 우룡스님　　　　　　신국판　192쪽　7,000원

믿음과 기도, 신심을 키우는 방법, 신심 속에서 나타나는 가피와 성취, 윤회에 대한 믿음, 불성의 발현과 믿음, 가정과 나를 살리는 실천법 등이 수록되어 있습니다.

불자의 살림살이 / 우룡스님　　　　　　　신국판　160쪽　6,000원

참된 불자의 살림살이가 무엇인지, 특히 가족을 향한 참회와 복 짓는 방법, 평온을 얻고 지혜를 이루는 방법을 쉽고도 일목요연하게 설한 법문집입니다.

불교의 수행법과 나의 체험 / 우룡스님　　　신국판　160쪽　6,000원

염불 및 주력수행법, 기도를 잘하는 법, 경전공부의 방법, 참선 수행법, 수행과 업장소멸, 수행정진의 비결 등을 스님의 체험을 예로 들면서 재미있게 엮었습니다.

리틀 붓다, 행복을 찾아서 / 클라우스 미코슈 지음·김연수 옮김

재치와 감동과 따뜻함이 있는 이야기. 지혜로운 삶에 관한 이야기. 꿈과 성취와 행복이 담긴 이야기. 소중한 삶의 주제들로 가득 채워진 이 책을 읽다 보면 진정한 행복이 무엇인지를 깨닫게 되고, 우리의 불성이 깨어나고 있음을 느낄 수 있게 됩니다.　　　　　　　　　　　　　　　　　　　컬러양장본　184쪽　12,000원

참 생명을 찾는 경봉스님 가르침 / 김현준　신국판　192쪽　7,000원

경봉스님의 참 생명을 찾는 공부 방법과 도와 인생의 실체, 이 사바세계를 무대로 삼아 멋있게 사는 법 등을 다양한 이야기와 함께 엮은 책입니다..

도와 함께하는 행복과 성공 / 김현준 엮음　신국판　160쪽　6,000원

경봉대선사께서 행복은 어디에 있고 어디에 깃들며, 어떻게 할 때 성공하는가? 복 짓는 법과 성공에 있어 가장 필요한 것은 무엇인가를 설한 책입니다..

신행과 포교를 위한 휴대용 불서

손안의 불서 ① 『일상기도와 특별기도』 / 일타스님		4×6판	100쪽	3,500원
손안의 불서 ② 『광명진언 기도법』 / 일타스님·김현준		4×6판	100쪽	3,500원
손안의 불서 ③ 『행복과 성공을 위한 도담』 / 경봉스님·김현준			100쪽	3,500원
손안의 불서 ④ 『보왕삼매론 풀이』 / 김현준		4×6판	100쪽	3,500원
손안의 불서 ⑤ 『불교예절입문』 / 일타스님		4×6판	100쪽	3,500원
손안의 불서 ⑥ 『불자의 삶과 공부』 / 우룡스님		4×6판	100쪽	3,500원
손안의 불서 ⑦ 『행복을 여는 감로법문』 / 일타스님		4×6판	100쪽	3,500원
손안의 불서 ⑧ 『불성발현의 길』 / 우룡스님		4×6판	100쪽	3,500원
손안의 불서 ⑨ 『병환과 기도』 / 일타스님·김현준		4×6판	100쪽	3,500원
불교이야기 ① 『바느질하는 부처님』 / 김현준		4×6판	100쪽	3,500원

경봉스님 법문집

뭐가 그리 바쁘노 / 김현준 엮음	4×6판	180쪽	5,500원
부처가 계신 곳 / 김현준 엮음	4×6판	160쪽	5,500원
사바를 무대 삼아 멋있게 살아라 / 김현준 엮음	신국판	224쪽	8,000원

기타 효림의 스테디셀러

사찰 그 속에 깃든 의미 / 김현준	신국판	320쪽	10,000원
석가 우리들의 부처님 / 김현준	신국판	240쪽	8,000원
바보가 되거라(경봉큰스님 일대기) / 김현준	신국판	220쪽	7,500원
아! 일타큰스님(일타큰스님 일대기) / 김현준	신국판	240쪽	8,000원

법보시를 원하시는 분은 출판사로 연락 주십시오. 할인혜택을 드립니다.
전화 02-587-6612, 582-6612 팩스 02-586-9078